U0686522

智 慧 学 习

杨 玲——著

中国书籍出版社
China Book Press

图书在版编目（CIP）数据

智慧学习 / 杨玲著 . -- 北京：中国书籍出版社，

2022.7

ISBN 978-7-5068-9072-4

Ⅰ . ①智… Ⅱ . ①杨… Ⅲ . ①计算机辅助教学—研究

Ⅳ . ① G434

中国版本图书馆 CIP 数据核字（2022）第 110590 号

智慧学习

杨　玲　著

责任编辑	李　新
装帧设计	李文文
责任印制	孙马飞　马　芝
出版发行	中国书籍出版社
地　　址	北京市丰台区三路居路 97 号（邮编：100073）
电　　话	（010）52257143（总编室）　（010）52257140（发行部）
电子邮箱	eo@chinabp.com.cn
经　　销	全国新华书店
印　　刷	天津和萱印刷有限公司
开　　本	710 毫米 ×1000 毫米　1/16
字　　数	210 千字
印　　张	11.75
版　　次	2023 年 4 月第 1 版
印　　次	2023 年 4 月第 1 次印刷
书　　号	ISBN 978-7-5068-9072-4
定　　价	68.00 元

作者简介

　　杨玲　中共党员，副教授，湖南省高校青年骨干教师，湖南幼儿师范高等专科学校教师，博士在读（数字影像专业），硕士毕业于湖南科技大学（现代教育技术专业），中小学教师资格考试面试考官，双师型教师。主要研究方向为智慧教育、现代教育技术教学应用、数字化资源开发。

前　言

伴随着网络的兴起，以计算机网络和现代通讯为代表的新技术正以一个从未有过的深度和广度迅速渗透到各个领域之中，不同的应用领域在网络的带动下，都存在着无尽的潜力，我们也正式迎来了"互联网+"的时代。教育作为一个关乎全民文化发展的领域，也与网络技术相融合，物联网、人工智能、云计算等有关的计算机科学也已经开始慢慢渗透其中。在这样的背景之下，教育也正从"工业时代"转向"智能时代"，而智慧时代下的教学理念与学习方法，将展现人们以往从没有感受过的崭新风貌。

智慧教育是计算机技术和教学发展高度融合所形成的全新的一种教育模式。在虚拟现实、大数据分析、物联网、移动互联网、人工智能等新兴信息技术的带动下，世界上许多发达国家均把发展智慧教育视为未来国家教育的优先发展战略，并开始制定了具体的发展规划，由数字教育走向智慧教育也正在成为全世界教育发展的最新趋向。2018年4月，我国教育部印发了《教育信息化2.0行动计划》，文件内明确指出开展"智慧教育创新发展实践行为"，具有重大的战略意义：一是有利于突破当前我国高等教育发展难题，促进教育领域的全方位变革；二是更有利于占领全球教学制高点，推动我国高等教育的信息化创新发展；三是有助于实现全民终身教育，助推我国教育梦的实现。智慧教育是一个复杂系统，涉及教育乃至社会的方方面面。其中，智慧学习是智慧教育的核心部件和重要基础，是继数字教育、移动教育和泛在教育以后的第四个教育技术转变。这种新的学习方式是在"云、大、物、移智"等新一代信息技术支持下开展的，以实现学习者的智慧生成、创新能力培养与个性化发展为最终目的。通过对全球智慧学习研究状况和热点的剖析，可以预见的是，智慧学习也必然将是我国未来教育发展的主要趋势。而想要发展智慧学习，则应着眼于教育理论的沿袭和创新，技术与支撑工具的运用和创新，形成依托于优秀学习资源的综合型智慧学习服务体系，立足教育实际完善智慧学习研究系统。

作者从事教学管理工作几年，对智慧学习有一点浅薄的经验，于是编写了本书，全书共分为六章，分别介绍了智慧学习相关理论的研究、智慧学习环境的建设、智慧学习资源的开发与应用、智慧学习模式的构建、智慧学习高效评价体系的创新、智慧学习典型应用案例以及智慧学习未来发展趋势等，从理论到应用涵盖全面，希望可以对教师或师范专业的在校学习者有一定的帮助。鉴于作者能力、经历所限，书中疏漏之处在所难免，请广大读者提出宝贵意见。

杨玲

2022 年 2 月 16 日

目　录

第一章　智慧学习相关理论的研究

本章节内容为智慧学习相关理论的研究，分别从智慧学习与智慧教育、国内外智慧学习研究现状、智慧学习的方法论三个方面进行阐述，希望能够给更多领域研究者带来帮助。

第一节　智慧学习与智慧教育

一、智慧学习与智慧教育的概念

（一）智慧教育的概念

智慧教育是一种有利于传统教育的新型教育模式。智慧教育以新一代信息技术作为发展依托，所使用的先进信息技术包括物联网、云计算、无线通信等，在它们的支持下，智慧教育成为物联化、智能化、感知化、泛在化的教育信息生态系统。它并不是突然发展起来的，其可以看作数字教育的延伸，是高于数字教育的发展阶段。发展智慧教育能够提高当前数字化教育系统的智能水平，使新一代信息技术与教育实现更深入的融合，进而达成教育利益相关者的智慧养成与可持续发展[①]。如今，新一代的信息技术在世界上呈现出迅速发展的趋势，在这样有利的基础上，为了让教育取得进一步的发展，包括美国、日本、新加坡、韩国在内的诸多国家都将越来越重视智慧教育，将其定为国家教育未来发展的主要发展战略，国家相关机构也纷纷制定了与智慧教育有关的发展规则。由此可见，由数字教育向智慧教育转变正在成为全世界教育发展的新趋势。

智慧教育涉及非常广博的内容，它并不是一个简单的名词，其实质上是一个

---

① 窦菊花. 智慧教育理念下的教学生态系统重构研究 [J]. 黑龙江教师发展学院学报，2021，40（11）：3.

庞大而复杂的系统，涉及智慧环境、智慧教学、智慧学习、智慧管理、智慧科研、智慧评价、智慧服务等要素。而在智慧教育的所有组成要素中，智慧学习是最为重要的，是第四次学习方式的变革。

（二）智慧学习的概念

智慧学习作为智慧教育的一个组成要素，涉及的内容也是十分广泛的，近年来无论是国内还是国外的学者，对于智慧学习的研究都愈加深入，但是，目前为止，关于智慧学习到底如何定义，仍然没有一个十分明确的概念。下面我们分别从国外和国内两个角度就众多学者对智慧学习的认识进行总结和归纳，从共性上来探讨智慧学习的概念。

国外对智慧学习主要有以下认识。

第一，利用多媒体、互联网、代理技术等，以增强、丰富和加速学习过程。

第二，借助于开放的教育资源、智能化的信息技术和国际规范，使学习者的能力得以增强的较为灵活的学习方式。

第三，学习者自我导向、以人为本的学习方式。

第四，利用智能设备和社会网络，学习者发展自我启动的创造性学习能力的学习途径[①]。

国内对智慧学习主要有以下认识。

第一，主动灵活地运用恰当的技术促进学习者建构意义、合作共赢和创新实践，不断改善优化和适应环境[②]。

第二，学习者广泛利用智慧学习环境，充分利用智能设备无缝接入，自由订制个性化服务、参与学习活动，成长为具有良好价值取向、较高思维品质和较强思维能力的人才[③]。

从以上内容中我们可以看出，目前国内外的学者对智慧学习概念的分析仍存在较大的差别，内容也比较笼统，并且容易受到技术中心思维的影响。更多地考虑的是技术对于智慧学习的影响，而忽略了学习者本身的需求。

而作者以为，技术是智慧学习发展的基础，但是也不能完全脱离人而去谈论学习，从新时代的特征来看，学习者本身才是智慧学习的主体。所以说，对于智慧学习的概念分析上，我们不可仅仅注重于相关技术，而是要从宏观的角度、整

---

① 陈琳，王蔚，李冰冰，等. 智慧学习内涵及其智慧学习方式 [J]. 中国电化教育，2016（12）：31-37.
② 祝智庭，贺斌. 智慧教育：教育信息化的新境界 [J]. 电化教育研究，2012（12）：9.
③ 贺斌. 智慧学习：内涵、演进与趋向——学习者的视角 [J].2021（2013-11）：24-33.

体层面上进行考虑，要更多地着眼于方式的转变、人的智慧的形成，关注学习者本身在全新时期更蓬勃的发展。因此，对于智慧学习的概念，我们可以如此进行概括：智慧学习是为保证和实现人在信息时代发展中的个性化、特征发展、全面提升、终生发展、内驱发展、不断创新的学习，是为思维激荡、智慧破撞的学习，是为推动和服务于人类社会发展的学习。

二、智慧学习的特征

（一）个性化特征

个性化是智慧学习最具代表性的特征，其指的是在智慧学习环境中，学习者的个性化学习需求可以被充分满足。当学习者处于智慧学习的环境中进行学习活动时，学习者并不需要主动提出学习的需求，智慧学习环境中的信息技术，能够主动感知到学习者的个性需求。当下，学习者所在的位置、学习所用的时间，以及学习过程中的心理变化等，都可以被智慧学习环境及时地掌握并记录下来，结合这些信息，智慧学习环境就能够自主地为学习者提供其在学习过程中所需要的学习资料，并且还能够自主地进行扩展，同时为学习者推送其具有潜在需求的资料。另外，还可以为学习者提供其所需要的学习服务。

（二）高效性特征

当前的时代是一个追求速度的时代，作为时代先进技术系统的智慧学习，自然也具备高效性特征。无论是学习资源的取得、教学服务的提供还是知识的应用，高效性贯穿了智慧学习的整个过程。除了第一点中提到的智慧环境可以自动为学习者提供学习所需要的个性化资料外，学习者还可以通过订阅信息资源的方式，及时获取学习所需要的资源。在智慧学习环境中，通过情境感知及大数据技术的应用，不仅可以感知到当前学习者所需要的学习资源，还能够根据学习者的进度，预判其在下面的学习活动中，需要使用的学习资源，当通过监督学习者的学习活动，感知到学习者对这些学习资料有需求时，进行及时推送，可以完全避免在传统学习方式中，学习者对资料盲目寻找而浪费时间的行为，在很大程度上也解决了学习过程中容易出现的信息迷航问题。

除此之外，在智慧学习环境中所使用的各类学习工具，也都具备高效性的特征。与传统的学习工具不同，智慧学习所使用的学习工具具有集成性、智能化的特征，尺寸更小便于携带，所以能够实现无处不在的泛在化学习。除了常见的如智能手表、谷歌眼镜等能够被佩戴在体外的装置外，甚至还有能够通过微创手术，将智慧型芯片植入到学习者肌肤表层或大脑中的技术。学习者利用这些便携的工具可以随时随地高效地解决学习中出现的问题，并且，还能够充分利用自己的零碎生活时间，开展学习活动，积少成多，提高一天时间的利用率。

（三）沉浸感特征

沉浸感指的是在智慧学习环境中，学习者能够实现沉浸式的学习活动，并且同时因为技术的支持而产生愉悦感，这种愉悦感能够进一步提高学习的沉浸感，最终形成良性的循环。首先，通过智慧学习环境中的感知技术，能够及时地为学习者提供个性化的学习资料，这能够让学习者产生一种被认知、被时刻关怀的感受。在智慧学习环境中进行学习，可以实现"当有所需求就能够随时被满足"，让学习过程更具顺畅感，自然，学习者就更愿意在这样的环境下进行学习活动。

在传统的教学活动中，学习环境是枯燥的，它仅仅是提供了一个可供学习者学习使用的场所，并不具备其他功能。而智慧学习环境却能够为学习者提供各种与学习相关的技术支持，并且这种支持是及时的、迅速的，所以智慧学习环境对学习者来说，更像是学习上的伙伴。并且智慧学习环境与学习者之间的互动并不会让人感觉突兀，而是舒适、自然的，例如，学习者随时都能够在智慧学习环境中，通过智能设备获取任意所需要的学习资料；同时学习者也能够在信息获得的同时给出相应的信息反馈，如将所使用过的英文资料增加中文翻译等。学习者在智慧学习环境中，既能够自主获得信息又能够给予相应的反馈，二者信息的相互融入，也能够让学习者形成更强的沉浸体验。

结合以上内容我们认为，在智慧学习环境中，当学习者开展学习活动时，通过当下所在环境中的技术支持，能够让学习者解决学习中许多因技术问题而产生的困难，更加专注于学习本身，不为外在条件所困扰，进而进行沉浸感十足的学习。

（四）自然性特征

在智慧学习环境中，自然性特征主要体现在以下三个方面。

1. 学习内容的自然性

在智慧学习环境中，其通过感知和大数据等技术，为学习者提供的学习资料，都是与学习者的生活贴近的，并且具有一定的实践性意义，这样就是学习内容的自然性，这样的学习资料更有助于学习者进行理解和掌握。

2. 学习环境的自然性

智慧教育涉及非常广泛的层面，小到智慧教室、智慧图书馆，大到智慧校园、智慧街区，甚至是智慧城市，也就是说，在智慧城市中，学习者在任何时间、任何地点都可以开展学习活动，先进的网络技术，能够将这些场景进行贯通式的连接，让学习者的学习不仅自然而且具有连贯性。

3. 支持技术的自然性

智慧学习需要信息技术的支持，这些信息技术均潜藏在智慧学习环境中，当学习者处在智慧学习环境当中时，就可以进行智慧学习。但是，在智慧学习环境中所使用的各类先进信息技术，它们并不会在学习者周围具备实体，不会在学习者进行学习活动时，感觉被一堆机器所包围，它们是处于"隐身"状态下的，当学习者需要时，才会与学习者进行互动，所以说，这些支持技术具备自然性。

（五）持续性特征

智慧学习所发展的学习者，并不注重一时一刻的学习收获，而是通过学习环境下各种技术的支持，提高学习者学习的自主性、自律性，帮助他们建立寻求新知识、发展新才能、完成新目标、实现终生学习的理念。这样不仅能够让学习者养成终身学习、随时学习的习惯，有利于学习者的个人发展，还能够推动学习型社会的形成。而这种持续性学习的开展，除了需要学习者本身的毅力外，还需要优越的学习环境支持。

三、智慧学习的基础指导理论

智慧学习作为走向智慧教育的一种方式，其成功实施需要先进理论的指导。其指导理论有很多，下面主要介绍交互决定理论、多元智能理论、新构建主义理论及联通主义理论等智慧学习的四大基础指导理论。

（一）交互决定理论

1. 交互决定理论的内涵

交互决定理论，是指 20 世纪 70 年代由美籍心理医生班杜拉提倡的有关人行动的决定原因的学说。该学说指出人和自然环境之间是存在互动的，人利用自身的活动创造了环境条件，而这种条件同时也会反过来，影响人自身的活动。

2. 交互决定理论对智慧学习的启示

（1）具有参与感的、良好的智慧学习环境是至关重要的

在智慧学习环境中，通过智能工具与技术平台的建设，能够让教师和学习者之间实现全方位的交互，并且在整个的交互过程中，实现协作、探究和意义建构，并以此推动学习者智慧的生成。比如，当学习者在学习过程中遇到了不明白或者自己没办法解决的问题时，可以借助技术平台的支持，将问题发布到班级或学习小组的讨论版块中，同时使其展示在教室内安装的白板或投影屏幕上，班级内的学生，就能够通过白板或投影屏幕看到问题，而后进行相关讨论。如果在学习过程中学生产生了疑问，教师就可以发挥其引导性作用，或引导学生自己进行操作寻求答案，或亲身进行示范，利用教室内的网络设备，将问题内容投射到大屏幕上，而后在互联网上寻求答案，并将自己寻求答案的过程及结果演示清楚，让学习者可以看到教师整个操作的过程，使他们学会寻找答案的逻辑和方法。学会了方法，不仅能够解决学习者当下的问题，还有助于他们以后的学习。这种交互互动，可以让课堂上的所有学习者都有参与感，且当找到答案后，也都会产生成就感，进而达到提高学习者学习积极性的目的。

（2）深度发挥教师与学习者的交互作用

美国学者凯伦·斯万的研究结果显示：若教师在教学过程中能够持续地、经常性地和学习者进行交互活动，在这些学习者中，与教师交互程度较深的，往往学习效果会超越那些与教师交互程度较浅的学习者。如果教师对学习者表现出关注的态度，并且能够及时对其发表的言论进行反馈时，学习者就会更加积极地参与到交互活动中去。由此可见，在学习者针对学习展开交互活动时，教师需对其给予一定的关注度，并在关键时刻给予帮助，即可在很大程度上确保学习者交互活动的深度。并且，在这一过程中，教师可以适当做一些亲身示范，从而促使学习者更加主动地、深入地参与交互活动。

因为学习者都具有不同的个性和特点，所以他们所喜欢的交互手段自然也存在区别，因此，教师可以多设置一些交互方式，让不同风格的学习者都能够找到喜欢的交互方式，只有这样，才能够提高学习者交互的积极性，达到提高其学习兴趣、引导其学习方向、调节其学习进程等目的。在交互方式设置上，可以有实时交互和非实时交互两种类型，课堂上发起的讨论、教师在线答疑等，均属于实时交互方式；课程论坛、班级 QQ 群、学习平台等，均属于非实时交互方式。

（二）多元智能理论

1. 多元智能理论的内涵

多元智能理论由美国心理学家加德纳提出。该理论认为："智能是解决某一问题或创造某种产品的能力，而这一问题或这种产品在某一特定文化或特定环境中是被认为有价值的。"就其基本结构来说，智能是多元的，每个人身上至少存在七项智能[①]。在日常生活中，这些智能并不是独立的，而是以较为复杂的方式化为了一个整体，需要统整运作。

该理论倡导积极的、平等的学生观，认为：第一，每个学生都或多或少具有八种智力，只是其组合的方式和发挥的程度不同。第二，每个学生都有自己的优势智力领域，人人拥有一片希望的蓝天。第三，每个学生都具有自己的智力特点、学习风格类型和发展特点。第四，学校里不存在差生。学生的问题不是聪明与否的问题，而是究竟在哪些方面聪明和怎样聪明的问题[②]。

2. 多元智能理论对智慧学习的启示

（1）用强项带弱项来全面发展自身智力

多元智能论认为每一个人在智力的发展上都具有较强的一面和较弱的一面。所以，在智慧学习过程中，作为一名学习者，要学会全面地评价自己，了解自己的兴趣、知识能力，知道自己哪些是强项哪些是弱项。而后，要充分发挥自己具有优势的一面。在此基础上，学习者们要逐渐学会把在优势领域所显示出来的智力特点转化到劣势领域上，以达到在劣势方面智力有所提升的目的。

（2）根据自身智力结构做针对性的学习

在学习者鉴别了自身智力结构（哪些是强项哪些是弱项）的基础上，按需要选取学习资料，并选用适合自身的学习工具与学习服务，进行个性化的学习。同时，多元智能理论也对学习者提出了更高的要求，认为学习者应该具备指导自我学习、进行自我完善的能力，能根据学习数据的分析结果，针对不同的学习状态制订不同的调整方案。

（三）新建构主义理论

1. 新建构主义理论的内涵

新建构主义理论认为，在当前的数字化时代，网络的运用使学习者在学习过程中面临信息过载、知识碎片化等问题。为了解决这两大问题，新建构主义强调：

---

① 赵亚夫，张静，李晓风，姚岚，孙楠. 历史学习方略 [M]. 北京：高等教育出版社，2003.
② 钟志贤. 多元智能理论与教育技术 [J]. 电化教育研究，2004（3）：5.

一方面应让学习者学会做选择，即突破传统学习中学科体系对于学习者的限制，按照学习者个性需要和兴趣爱好来选择适当的学习内容，以此来建立属于学习者个人的蛛网式学习结构；另一方面采取化零为整的学习策略，将所获取的信息资源与知识碎片进行整合，将知识变成自己的，并能够由此而进行创新。应对挑战是该理论的出发点，知识创新则是该理论关注的终极目标。新建构主义主张"学习就是建构，建构蕴含创新"，提出"为创新而学习、对学习的创新、在学习中创新"，认为在网络时代，学习、应用和创新可以三步并作一步，创新是学习的最高也是最终目标[①]。

2. 新建构主义理论对智慧学习的启示

（1）学习者要致力于知识创新

信息数量的骤增意味着学习者在当下时代要掌握的知识数量愈加庞大，但光是继承前人的知识是远远不够的。学习者在既有的理论知识基础上，要勇于反思，探求新规则，创立新理论，开创新方式，累积知识，完成知识的嫁接，提升自身的创新能力。

（2）学习者要学会知识迁移

学习是一个连续的过程，不同的学习内容和知识结构会对其他学习产生一定的影响。知识是不断生长和改变的，而学习者的学习速度远远赶不上它改变的速度，所以学习者要了解知识迁移的方式，就不仅仅需要先掌握某些知识点的基本内容，还需要先经过相应的训练，学会必要的技巧，如阅读技巧、观察技巧、分析技巧、构思技巧等。学习者在熟练掌握了这些技巧后，就可以在学习活动中熟练地对它们进行运用，并且不断地将这些技巧进行迁移，来进一步提高学习的效率，真正实现智慧学习的高效性。

（四）联通主义理论

1. 联通主义理论的内涵

2005年，加拿大学者乔治西蒙斯，在《联通主义：数字时代的学习理论》一文中提出联通主义学习[②]。该理论产生于网络时代的背景下，网络时代的一个显著特点就是信息量庞大且呈碎片化，然而个人的精力是有限的，所以如何面对数量庞大且碎片化的信息，是每个学习者都需要面对的问题。

联通主义理论认为学习是连接专门节点与信息源的一种网络化过程，节点为

---

① 王竹立. 新建构主义的理论体系和创新实践 [J]. 远程教育杂志，2012（6）：3-10.
② 历晓寒. 外语人才的文化自信与跨文化交际能力培养研究 [J]. 海外英语，2021（20）：233-234.

外部实体（可能为人或资源），学习行为是创建外部节点并连接外部节点形成个人学习网络的过程[①]。这种网络不仅指知识网络，还包括社会网络。联通主义的起点是个人，将个人的知识组成一个网络，这种网络被编入各种组织与机构，各组织与机构的知识同时又可以回馈给个人网络，提供给个人继续学习。这种知识发展的循环（个人对网络、对组织），使得学习者通过他们所建立的连接在各自的领域保持不落伍[②]。

2. 联通主义理论对智慧学习的启示

（1）学习者要善于建立属于自己的资源网络

在智慧学习过程中，学习者可以根据自身特点，根据实际需求获取学习资源，并借助于智慧学习工具和辅助学习服务，建立起自身的知识体系。与此同时，可以关注学科专家、名师等人际资源，这对深化学习知识和扩展知识面来说都是十分有利的。学习者还要学会拓展自身周边的社会网络关系，善于维系与其他学习者之间的关系，并且要善于利用这些社会网络关系，达成建立自身学习网络资源的目的。例如，可以通过身边学习伙伴的关系扩展学习者群体圈的范围，与更多的学习者产生交流。又如，可以通过身边学习伙伴或教师的人际关系，认识在专业领域中具有权威性的学者或者专家，通过网络或其他信息技术取得联系，实现信息的交互，从而获得高质量的学习资源。

（2）学习者要具备较强的网络管理能力

联通主义理论认为，连接是节点构成网络的关键，两个节点间的连接关系越强，借由这种连接关系在两个节点传递的信息流动得就越快、越通畅[③]。影响连接强弱的因素有动机、情绪或感受、内在逻辑与经验等，在学习过程中，需要重视学习者自身的这些因素对连接造成的影响，促进节点间连接的形成与加强，最终构建稳固的个性化学习网络。同时，学习者要具备管理学习网络的能力，能够实现自我学习网络的不断丰富和灵活应用[④]。

（3）建设可以让学习者实现"无缝学习"的智慧学习环境

借助于先进的新型信息技术，在智慧学习环境中，可以实现多个学习场景的联通，让学习者能够不受场景转换的困扰，顺利衔接学习过程。无论是在学校、在家庭、在社区、在图书馆还是在博物馆中，学习者都能够随时进行学习。

① 王佑镁，祝智庭. 从联结主义到联通主义：学习理论的新取向 [J]. 中国电化教育，2006（03）：5-9.
② 查冲平，顾小清. CSCL 理论研究的新动态 [J]. 中国电化教育，2009（05）：15-20.
③ 杨现民，晋欣泉. 智慧学习理论与方法 [M]. 北京：科学出版社，2021：32-33.
④ 杨现民，晋欣泉. 智慧学习理论与方法 [M]. 北京：科学出版社，2021：32-33.

四、智慧教育与高校的教学改革

（一）高校智慧教育的概念和特点

我国社会正处在高速发展之中，教育也逐步进入智慧教育阶段。随着社会不断发展变化，各行业对人才的需求也在不断提高，所以高校在承担培养人才这一重任的基础之上，还要顺应社会的发展情况，根据社会的需求去培养人才。另外，对课堂的教学模式也要进行改革，只有提升了课堂的教学水平，才可以促进教师的课堂效率，能够更好地让学生进行学习。各类学校的教育是为社会培养应用型人才的主要途径之一，也是社会人才输入的主要道路。随着社会经济的快速发展，社会对人才的需求量不断提升，同时对于人才的个人能力更加重视，因此高校更应该进行教育改革，对教学模式不断进行创新，不断顺应社会的发展需求。智慧教育是传统教育与信息技术相互融合的教育形式，基于智慧教育背景进行高校课堂教学改革是当前高校教学改革的主要思路。在实际的教学中要进行多样化的教学，全方位促进学生素质提升，提高学生的积极主动性，从而培养出更加优秀的人才。

1. 高校智慧教育的概念

智慧教育是一个多年前提出来的教育理念，它是数字世界与现实世界相互融合的结合体，同时让世界的各种技术变得智能化，随着社会的不断发展，人们也不断地接受信息化的教育模式。智慧教育实际上就是在传统的教学模式上进行改革，并且加入了信息化的技术，在这个基础之上给学生创造出一个智慧化的校园环境，并且在教学的过程中对所有教学资料进行大整合，为学生创造出新型的学习模式。高校的智慧教育是为社会提供创新型人才的主要途径，并且对学校的服务方面加强智能化管理，可以打消学生和教师之间的陌生感，优化教师的教育手段，完善课堂的教学内容，创新学校的管理模式，提升高校的教育管理质量。

2. 高校智慧教育的特点

（1）学习方式个性化

智慧教育与传统教育模式有一定的不同，智慧教育抓住了当下发展的特点，把教育与信息技术相互结合起来，打破时间与空间的限制，在传统的教育模式上进行改革，学生可以利用电子设备，随时随地进行学习，并且随时随地都可以获得自己所需要的知识。与此同时，学校进行教育系统的大数据整合，根据学生的学习科目和特点为学生提供学习的辅助资料，同时再配上教师的线上指导，可以增强学生接受知识的能力。

（2）教育信息共享化

教育信息包括很多内容，比如说资料管理信息等，这些同时也是高校教学过程中必不可少的部分，为了能够让学生高效地学习，教师的管理团队一定要提升自己的管理能力，并且使用智能化的管理措施，让学校的教育与信息系统相互连接起来，使其信息共享。信息的共享是智慧教育的一个大特点，它可以同时供应多名学生的学习需求，教育课件与教学内容都可以进行共享，而且不影响学生与教师之间的交流。

（3）校园服务智能化

智慧教育的发展必须要有校园环境的支持，校园的环境给智慧教育提供了有利的条件，并且给智慧教育的发展提供了稳定的基础，它通过一系列的信息技术给学生和教师提供发展的平台。实际上讲智慧教育是通过网络大数据的支持，来优化校园服务内容的，以此来为教师和学生提供新颖的校园服务，并且让师生享受智能化的服务过程。

（二）智慧教育在高校教学实施的重要性

1. 国家层面

教育事业是现代社会稳定发展的重要组成部分，智慧教育的出现给社会的快速发展提供了有利条件，越来越多的高校实施了智慧教育的教学模式，这也是越来越多国家发展的重要战略之一。加快教育信息的基础建设是在为智慧教育打基础，信息技术的加入对于教育模式的发展具有改革性的影响，所以一定要重视信息技术，它不仅能培养社会所需的人才，还能提高我国的教育实力，顺应我国的教育发展，同时为我国社会发展奠定基础。智慧教育为我国做出了重大贡献，它在无形之中提升了我国的国际竞争能力。

2. 社会层面

智慧教育的模式是离不开信息技术支持的，网络是现代化教育的重要组成部分，智慧教育与智慧校园的建设都离不开它，数据库和云平台技术也是智慧教育必要的支持，它需要专业团队来进行建设，所以这也就需要高校进行资金的投入，需要与一些信息技术机构进行合作，来完善校园网络的建设。高校通过自身的专业优势与智慧教育模式相互结合，这样更能够为社会输送合适的人才，通过智能化的网络信息平台，填补各种空缺的新兴岗位，为社会的进步提供了有利条件，同时也推进了我国教育事业的前进。

3. 个人层面

高校是培养学生理论知识和实践能力的重要基地，高校教育是以培养学生个人能力为基准，以培养学生实践能力为目的的教育。接受高等教育的学生能够从中丰富自身的知识，还能提高自身的综合能力，目的是为了适应社会的需要。智慧教育模式的加入，坚持了以学生为中心的准则，也提高了教师的教学实效性，通过互联网信息技术的支持，给学生提供了更为丰富的教学资料，让学生能受到现代化信息技术的熏陶，也让青年学生更加符合社会主义新时代的要求。

（三）智慧教育在高校教学实施中出现的问题

1. 结果分析

智慧教育的模式需要网络的支持，学校的校园网络覆盖问题是智慧教育模式实施的主要阻碍，所以高校一定要对校园网络进行大量资金投入，来完善校园网络的不足。学校网上办理业务是体现在智慧教育模式下学校的信息化程度，所以学校如果想要实行智慧教育模式，就要让校园信息化程度大面积覆盖，全面实施智能化校园，但是部分高校的信息化程度并不乐观。

2. 问题所在

（1）网络基础设施薄弱

对于高校来说，基础设施建设问题是能够影响到智慧教育实施的，校园网络的建设不仅能给学生提供便利，还能够节省学生手机的流量，从一定意义上节省了学生的日常开销，校园网络建设成功之后师生可以在网络支持下进行学术沟通，还可以访问国内外各种学术资源的网站，获取自己所需要的知识技能。但是，这些功能的前提是要求学校网络具有较高的稳定性。

（2）数据平台的互通性能差

从智慧教育模式的引入开始，近几年来很多高校都跟上社会的发展需要，取消了原有的纸质办公模式，提出了智能办公的形式，并且进行了便携式的服务，因此也开通了不少网上教学的平台，通过各种校园智能终端的引用供给学生与教师使用，但是这些网络终端都各自存在着问题，普遍的问题就是这些网络平台的办事流程过于复杂化，数据平台的互通性能差。

（3）创新模式少

虽然智慧教育这个话题比较新颖，但是智慧教育网络的教学模式比较落后，这不仅不能满足师生的教育和学习需求，还让部分师生无法适应此模式的运行，这也是导致线下学习关注度不高的原因之一。智慧教育的模式是线上和线下教育相结合，二者不能缺一，两者相结合才能发挥智慧教育模式的优势。但这种教育模式如果不进行更新的话，则会影响一些专业的教学效果。

（4）教学目标不明确

针对目前我国教学实际情况而言，我们不难发现在课程教学的过程中出现了各样的问题，最为突出的问题是：教学目标不明确。如今教师的教学工作一般会比较重视学生的成绩，站在自身角度，教师还会比较重视复习的进度和整体业绩问题，很多教师为了赶进度会降低教学内容的质量，因此也就导致了内容分配的不合理性。在追赶进度的过程中，教师会在一节课中安排两节课的内容，一堂课中的教学目标被模糊。又由于学生自身接受能力有限，对于知识点的吸收有一定差异性，所以没有明确目标的课堂使其整体教学效果大大降低。在没有目标的课堂中，教师会将各类教学内容相融合，无论是学生接触过的还是未接触过的内容均带到了课堂之中，混淆了学生的知识结构，同时此过程也容易引起学生们的反感，在学习的过程中很难达到教师的要求。由于目标的不确定，后续教学工作容易引起学生的厌恶，加之课堂教学的枯燥，使学生很难融入课程之中，因此也影响了整体教学进度。

（四）基于智慧教育的高校教学改革的相应对策

1. 加大技术支持，完善网络配置

网络配置的支持是高校实行智慧教育所奠定的基础，通过带动整个校园网络的使用，才能够让师生之间不受空间与时间的限制，享受全面的校园服务。所以学校的管理人员应该完善学校的基础建设，并且相关领导应该重视此问题，大力加强网络技术资金的投入，并且根据实际情况增强服务器的配置，此时学校还需要加强技术人员的配置，以此来加快校园信息化的建设。同时还要根据师生的实际情况来满足师生对于网络配置的要求，根据实际情况来进行网络服务器的升级，并且还要对网络信息化水平较低的教师进行系统性培训，目的是为了更好地应用系统。此外，智慧教育形式的宣传也很重要，在宣传的过程中需要对师生进行鼓励，鼓励其使用先进的教学系统，这也是在为日后的智慧教学熟练操作打基础，只有熟练操作各种信息化系统，才能更好地顺应智慧教育模式。

2. 体现教学特色，优化教学形式

在教学课程方面，我们很多的在线教育平台都没有什么突出的教育特色，没有吸引学生的注意力和兴趣，因此，高校在让学生体会网络教学课程的同时，还要根据学生的学习实际情况进行课程内容的设置，让教育平台有一定的发光点，并且要结合师生之间的各种需求，以及各种学科的自身特色，在配备优秀的教师资源基础之上，创立属于自己学校的在线课程平台，以此提高学校的影响力。并号召教师大力建设具有校本特色、专业特色的在线开放课程。针对学生的特点设置教学内容，还要通过一定的教育手段，以便教师得到教学反馈结果。目的是了解学生此次课程学习的质量，还能从根本上提高学生学习的注意力，进一步提高教师的教学质量。

3. 实现信息共享，统一管理资源

共享能够让师生简化办事的程序，让教学管理变得轻松并且便捷，还能提高办事的效率，这才是智慧校园的教育目标追求。所以学校在教育软件上要进行统一管理和优化，还要实现信息共享功能，并且加强系统反馈能力。但是由于智能终端设备有一定的特殊性，它不能被其他软件整合，所以在智能终端上还应该增加设备数量，并且改善更多的服务功能，方便对师生的服务。这样一来学校对于收集师生各种数据就方便了不少，尤其是在教学管理方面，学校更能根据学生与教师之间的需求进行整合，之后再实施教育。而且整合的结果很方便就能反馈给教学管理者，教学管理者还可以以此来调整教学计划和教学进度。

4. 教学思路的整合

在开展教育智慧的过程中，相关教师应该重新对教学思路进行整合。智慧教育带动了课程教学的改革工作，高校在进行教学的过程中，需要结合智慧教育的特点，对课程内容进行整合，完善整体教学思路，使其满足高校学生的学习需求，不断提高学生的成绩。所以说，在智慧教育背景下，教师教学思路的改变至关重要，它可以对课程内容进行深化，提高学生学习的效率，完善课程结构。课程效率的提升是教学思路整合的主要目标，并且在进行调整的过程中还需结合教育发展的方向，改变教学结构，不断对其进行创新。所以，可以利用智慧教育的特点对教学思路进行完善，使其变得更加系统。我国高校教学时间是影响学生学习效果的主要因素，并且教学内容的复杂性也是影响教学质量的主要问题。所以，智慧教育要完善时间问题，并且结合学生实际情况合理设定教学形式，在此过程中尤其需要注意效率问题。此外，在智慧学习过程中，还需为学生创建一个舒适的环境，让其能够轻松愉快地学习。

5. 完善智慧教育体系

智慧教育体系的建设需要结合高校学生实际情况和师资力量进行完善。在此过程中，体系建设能够为教师提供教学目标和依据，体系的完善还能带动教学质量的提升。所谓体系，主要是教学资源的整合，使其形成一种新的教学模式，在此基础之上融入教学过程中的难点疑点，针对内容进行完善，后期对其进行高效应用。对于资源而言，教师根据科目教学内容对教学体系进行调整，结合教学内容创造个性化的教学模式。在此背景下，教师授课应该转变传统的教学观念，与时俱进，合理应用互联网技术，让其在教学中发挥出实质作用。

在智慧教育背景下，高效课堂的教学改革是顺应社会发展的必然途径之一。基于智慧教育平台和智慧教育方式下的教学改革，更便捷、更高效，也更容易适应未来教育和未来社会的发展。加强高效课堂教学管理模式的改革，可以提高学生学习的积极性，也可以带动学生的听课兴趣，从而促使学生积极主动地参与课堂学习，因此也会消除师生之间的陌生感，拉近师生之间的距离，让教师与学生之间实现良性沟通，这样教师的课堂教学效率也随之提高了。教学质量的提高是学生学习能力进步的基础，也是为社会输送适应型人才的必要条件，也会对社会的发展起到推动性作用[①]。

第二节　国内外智慧学习研究现状

一、国内智慧学习研究现状

（一）研究数据

自 2015 年至 2020 年的 5 年时间内，我国针对智慧学习而开展的相关研究，所获得的成果是较为丰硕的，发表的相关论文数量也呈现逐渐上升的趋势。在学术方面较为权威的中国知网（CNKI）上，以"智慧学习"为重要关键词开展文献信息检索，搜索时间范围选择 2017 年至 2021 年，搜索出来的符合条件的论文共有 2059 篇。其中，在权威性学术期刊上发表的论文共有 1178 篇。从统计图上我们还可以发现（图 1-2-1），以"智慧学习"为主题的相关研究文献，从 2011 年开始飞速递增。2010 年，相关主题的论文仅有 4 篇，2011 年增加至 33 篇，2013 年数量增加至 123 篇，而到了 2020 年，数量已经高达 480 篇。

---

① 杨玲. 基于智慧教育的高校教学改革研究 [J]. 知识文库，2021（15）：109-111.

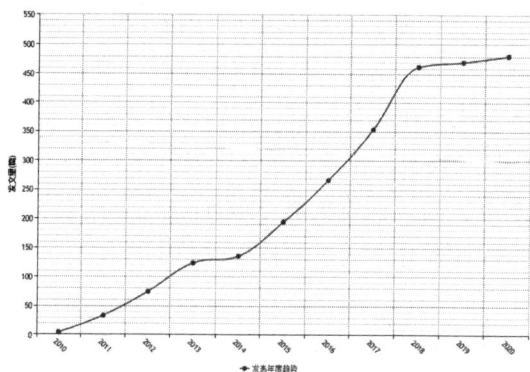

图 1-2-1 2010-2020 年"智慧学习"相关文献数量统计图

（二）研究趋势分析

20 世纪 90 年代，在我国教育界就已经开始出现了与智慧学习有关的论点。在当时，一些教师开始用智慧学习的论点指导学习者进行人文学、汉语的学习，并且也提出了对智慧学习的见解，认为智慧学习是具备智力品质的学习，其目的在于培育学习者的智力。

至 2012 年，在学者范围内，才开始以教育技术的角度开展对智慧学习的研究。如黄荣怀博士、祝智庭博士等，率先对智慧学习环境、智慧学习等概念发表了看法，这些文献为我国智慧学习的研究奠定了坚实的基础，为后面研究的学者提供了思路，可谓我国智慧学习研究领域的先驱，为推进智慧学习的研究进程做出了很大的贡献。在有了一定的理论基础后，更多的学者开始对智慧学习展开研究，对智慧学习的含义、特征、设计等问题都各抒己见，在如此百花齐放的形势下，我国对智慧学习的研究呈现出了迅猛发展之势。

（三）研究主题分析

综合中国知网与智慧学习有关的文献，我们可以看出，在近几年中，我国学者对于智慧学习的研究，还是将重点放在了智慧学习环境、支持技术、内容、资源、模型设计等方面。以智慧学习环境为研究主题的文献，占据文献发表总量的 42%，而后依次为对于智慧学习环境支撑技术、智慧学习内容方面的研究，有关主题的文献分别占据了总文献数量的 20% 和 16%，其余关于智慧学习模型、智慧学习资源等方面的主题占比则比较小，分别占据了发表文献总量的 6% 和 9%。

从以上的数据中我们可以看出，目前我国的研究者们对智慧学习的研究比较集中在技术角度，而对于智慧学习资源、模型设计等与应用有关方面的研究成果还比较少，研究程度也比较浅显，还需要不断地进行完善。而当前之所以呈现出此种面貌，主要是因为当前我国智慧学习的发展还处于起步阶段，与整个教育系统中各阶段教育的融合也比较浅显，所以在与应用有关的方面发表的相关研究文献占比还较低。但是，随着国家政策扶持力度的不断加大，智慧学习的发展必然越来越快，关于智慧学习资源、模型设计等与应用有关的方面研究成果必然会越来越多。

（四）研究现状分析

1. 文献水平高，但研究者主力较单一

从研究数据上我们可以发现，2015—2020 年间，与智慧学习有关的研究文献，发表的媒介是以专业性的核心刊物为主的。这说明了这些文献的总体水准和质量是较高的。同样，通过数据分析我们还可以发现，发表相关文献的作者中有86.8%工作于高等院校或科研院所中，这也说明了，目前我国对智慧学习方面的研发，主要还是集中在高等院校中，主力构成较为单一。这样的情况下，虽然能够保证研究文献的质量，但是也容易产生局限性，因此，为了让智慧学习领域的研究更加多样化，对于高等院校和研究机构外的相关公司和单位，可采取一定的政策，引导他们进行智慧学习的研究，尽快促进理论和实际的结合，让智慧学习研究成果在未来各领域的应用越来越深入。

2. 热点集中，范围成扩大趋势

从相关数据中我们可以看出，目前对于智慧学习的研究，热点主要聚焦在智慧学习环境、智慧学习支撑技术、智慧学习内容这三个方面，这些方面的文献发表数量较多，且被引用的频率也相对较高。这些研究主要集中在智慧学习的外部环境和信息技术服务等方面，并根据传统学习环境中存在的问题，提供了智慧学习环境的解决策略，为今后进一步深入探讨智慧学习建立了较好的基础条件。

除此之外，从 2018 年开始，关于智慧学习的研究文献，其研究范围开始变得更加广泛，除了之前一直较为关注的高等教育领域外，中小学等义务教育领域、远程教育及职业教育等领域，均有所涉猎，这也证明了人们对智慧学习研究的关注度在不断地增加。

3. 偏向于理论研究

从发表的文献数据来看，当前，因为智慧学习在我国发展进度的原因，我国有关智慧学习的相关文献和研究，更偏向于理论方面，对于实际应用的研究方面成果还比较少。也就是说，我国对于智慧学习的研究，实际应用方面还显得相对单薄，不利于我国智慧学习者开展后续研究。

二、国外智慧学习研究现状

（一）研究数据

而对于国外关于"智慧学习"的研究，我们可以从国际上较为认可的 Web of Science 数据库中收录的文献进行分析。在 Web of Science 上，以"智慧学习"为关键词进行文献搜索，共计搜索到了相关文献 588 条，从 2011 年开始，文献的数量开始增多，呈现出了增长的趋势。最早与智慧学习相关的英文表述为"intelligent learning"，该文献针对一种智能模拟导师系统的使用情况展开了实验研究，并指出这个系统可以针对学习者需要做出适应性调节的智慧学习环境。2002 年，与智慧学习相关的文件中，开始采用"smart learning"对智慧学习进行表述。直到 2008 年，IBM 集团明确提出了"智慧地球"的概念，将智能技术教育作为其重要战略组成部分，智慧学习均开始使用"smart learning"进行表述。对智慧学习研究的关注点，也逐步从智能技术和智慧学习环境，走向了关注学习者自身。

（二）研究主题分析

国外对于智慧学习理论的系统研究相对较少，多从现实层面上去建立一种在计算机技术支持下的智慧学习环境，再运用人工智能与机器学习技术去服务于教育领域的产业升级。

国外对于智慧学习的研究主题，一般包括三部分：第一，智慧学习环境建设的研究。国外十分重视智慧学习环境的构建。第二，智能技术支持下的智慧教育研究。从 Web of Science 所有数据库上与智慧学习有关的关键词中能够看到，新一代信息技术为智慧学习的发展提供了强有力的支持。除此之外，国外的学者们在智慧教育系统研究方面的成果也相当丰硕，如美籍南加州学院的 RIDES 智慧教育管理系统开发工具、美籍斯坦福的 MMAP 协同型课程模式的课程管理系统等。第三，机器学习技术支持下的个性化学习研究。机器学习科技是新一代人工智能科技的核心内容，是依靠数据分析的教学方法；而深度研究则是机器学习的一项重大分支领域科技，其理论定义源于人工神经网络，是实现机器学习的最高效技术手段。近年来，国外研究者也尤其重视机器学习在教育领域中的运用。对于学习者群体来说，机器学习可以通过深度发掘海量的教育大数据，找到影响学习者群体的规律，进而分析模型，去预估学习者的情况，从而为其提供个性化教学的支持与评价。同时，机器学习还为教育工作者了解学校整体与个人的学习状况、为教育管理人员制定策略、为企业开发者更精确地评价与维护学校教育体系等提供了有力帮助。当前，在国外已经形成了多种自适应的教学平台为学习者提供个性化服务，其中最为成熟的是 Knewton 教学平台。在此平台的信息系统内有着庞大的学习资料，且可以通过数据分析及学习者的机器学习数据，为其推荐最个性化的学习内容。

（三）国外智慧学习发展战略

为了解国外关于智慧教育发展的战略，这里选择马来西亚、新加坡、日本、韩国、美国五个国家的智慧教育战略规划进行比较。

马来西亚的智慧学习发展战略推行得较早，在 1997 年国家教育部就出台了《马来西亚智慧校园实施计划》等文件，详尽介绍了智能校园的内涵定义、组成要件、教育目标、实施规划等具体内容。另外，马来西亚当局还设立了智能校园指导委员会，以参与智能校园规划的指导与制定等工作。

新加坡的智慧学习发展战略于 2006 年开始推行，该年 6 月份新加坡政府发布了"IN2015 计划"，2014 年在该规划结束之际又顺利实施了"智能国家发展2025 行动计划"，建设"未来校园"和"教育实验室"，并致力于建设智能国度和全球化发展大都市。智慧教育也是当中的重要部分，其发展目标是让公众可以运用信息化技术手段进行泛在化学习和个性化学习，从而支持学习者终生学习发展，以满足未来的信息社会需要。新加坡教育部早在 2007 年就提出了实施未来学校项目，并打算在当地选择五所高校成为未来学校项目的重点试验院校。

日本则是在 2009 年开始推行智慧学习战略，其政府在当年颁布了《I-Japan战略 2015》，表示日本要以互联网为基石，加强新技术在学校教育中的运用，面向未来需求培育能够创造技术的人员。

韩国则开始于 2001 年，其高等教育科学技术部于当年发布了《智慧教育推进战略》，从高等教育信息化角度提出智能高等教育将是未来高等教育的重要发展蓝图。于 2015 年所有中小学校将以数字教材代替纸质课本教学，并计划于2012 年建设四所智慧校园，智能教育在韩国正式起航。韩国智慧学习发展战略的提出和实施，将通过出台立法扶持、规范智慧学习发展，将致力于形成智慧学习产业链，以扩大教育的国际影响力。

而在美国，智慧学习发展战略的指定则开始于 1996 年，一直到 2015 年，美国政府连续发布了五项国家教育科技行动计划（NETP）。其中，NETP2010 重点阐述了 21 世纪的学校模式，涵盖了课程、设施和绩效等要素内涵，这也体现出了智慧学习的特征内涵。NETP2016（《为未来做工作的教学：重塑信息技术在教学中的角色》）重点强调了在教学、课程、领导力、教师评价以及基础设施建设等五大方面积极推动教学的信息化进展。

可以看出，这五国的智能高等教育发展策略，均与国家教育信息化规划密切关联，发展智能高等教育已在世界各国的高等教育战略部署中引起了高度重视，发展智能高等教育已成为各国夺取新一轮高等教育变革与创新发展先机的关键内容。

三、国内外研究现状总结

总体上来看，虽然国内外的科学研究主体之间还存在着明显的区别，但在科学前沿上却已基本趋于一致，主要表现为：第一，在科学渊源上，国外关于智慧学习领域的研究成果，主要来源于美国 IBM 集团所提出的"智慧地球"概念，我国国内虽然受此概念影响较多，但钱学森先生提出的"大成智慧学"是我国国内研究成果开展背后比较深刻的驱动力[1]。第二，在研究主题的发展上，海外研究虽然还不能找到明确的时间线索，但将主题基本界定清楚了，而本土研究则是随着时间与政策背景的变迁而不断演进的。第三，在研究主体的划分上，我国一直都重视在技术支撑下的智慧学习环境构建研究与智慧学习方法设计的研究。并且，国外研究成果多为基于微观角度的教学实践探讨，国内研究多采用宏观角度的教学理论建构。国外侧重新科技特别是人工智能研究和教育领域的深入融合，国内则重视智慧学习理论体系构建与地方政府的教育顶层设计。第四，在科学研究的发展上，于教育科技层面，国外早已开始较稳定的发展，我国开始虽晚但发展得很快；在教育理论层面，我国的智慧教育理论研究非常得力，而国外则略显不足。第五，在专业融合发展上，国内外的研究都反映了学校专业交叉性较强的特色，十分重视教育学、教育技术学，特别是计算机技术在学校教育研究中的运用。第六，在科研发展上，近几年来，国内外的研究都十分重视人工智能、机器学习等现代科技与教学深入融合所带来的个性化教育教学研究成果。在海外这些科研前沿的开展相比于我国都起步比较早。

---

① 张茂聪，鲁婷. 国内外智慧教育研究现状及其发展趋势——基于近 10 年文献计量分析 [J]. 中国教育信息化，2020（01）：8.

第三节　智慧学习的方法论

一、数字学习

（一）数字学习的特征

数字学习彻底突破了传统学习模式中的空间限制和时间限制。在数字学习中，学习资料具备数字化特征，可以实现全球范围内的共享，虚拟课堂、虚拟校园不再是一种理想而是变成了现实，在信息技术的支持下，教育不再局限在校园中，学习者可以在任意能够连接网络的地点通过互联网进行在线课程的学习，或者借助互联网进入数字化的虚拟校园里进行学习。从时间上来说，每一个人的学习活动都应该是伴随着其一生的，仅花费一生中的一段时间进行集中性的学习，只能让人掌握当前的知识，时代在不断地进步，知识的范围也在不断扩大，只有不断学习，才能掌握够终生受用的知识。从这个角度来看，数字学习对于终生学习的习惯养成有着重要意义。

（二）数字学习的模式

1.“情境探究”模式

此种模式，一般适合运用于课堂教学中，其流程如下：①运用数字化的共享信息资源，创造和探索新的学习情境；②指导学习者初步探究学习情境，提出学习中遇到的问题，并利用信息传递工具，发表自我观点；③利用数字化教学资源管理系统所提供的教育情境，引导学习者进行深入探索，结合教师的实践性操作，找到问题的特点、关联与规律性；④运用信息加工工具，实现信息建构；⑤运用评价工具，实现自主学习评价，以及时发现新问题，并获取反馈信息。

2.“远程协商”模式

此种模式主要适合应用在互联网环境下，一般包括以下流程：①在一定的行政区域范围内，如城市、区、省等范围内，分别选定几所高校作为区域内的实验学校；②在各个区域的实验学校内部，分别组建若干联合学习小队；③在各联合学习小队中，对参加的同学进行内部分工，各自开展问题探讨；④围绕一个主题，在各个区域的实验学校中，通过网络搜索与主题有关的网站，并通过下载共同获得有关资讯；⑤运用获得的资源，通过素材加工制作，与学友分配协作，共同创建组织网站；⑥各联合学习小队的同学定时访问一些联合高校的网站，并共同开展问题探讨；⑦运用网络通讯工具，对一些联合高校的网站发表意见，并相互沟通；⑧在经过一段时间之后，组织全国学习者开展学习总结活动，对综合课堂知识点的把握和复习能力开展自主评价；⑨组织全国各地方的教育工作者、学校领导对全国各地方实验学校的教学网页开展评选，以表扬进步。

3."网站开发"模式

此种模式与上一种模式一样，同样适合应用于互联网环境下，但应用范围不同，此种模式主要用于对某一专项内容开展较广泛且深层次的探究练习，借以训练学习者的创新精神和实验能力，从而提升学习者的综合素养。这类教学模式一般包括如下内容：①通过介绍与所学专项有关的构造化的基础知识，将与教材中所学内容有关的文字、图像、动态资源等，实现知识化整合重组；②将与所学专项有关的、拓展性的教学素材加以搜集，包括教学工具（字典、辞典）与有关教学资源网络的连接等；③针对所学专项，建立在线协作交流，设置答疑辅导和远程交流的区域；④通过搜集与专题有关的思考性问题、形成性训练以及总结性考核的评价资源，使学习者能够实现网络自主学习评价。

二、移动学习

（一）移动学习的优势

移动学习指的是一种在移动装置的协助下，学生可以在任一时间、任一地点完成学习的模式。在移动学习中，所采用的移动装置，不仅可以开展课程的学习活动，还能够让教师和学习者进行有效的沟通。具体来说，移动学习具有以下几点优势。

1.具有能够随时进行学习的便利性

移动学习的重点在于"移动"，所以能够用于进行移动学习的设备，通常都具有尺寸小、重量轻的特点，它们可以随身携带，能够随时随地进行使用。除此之外，此类设备之间无需实体连线，而是采用无线技术进行连接，并且拥有稳定的信号，可以顺畅地接收和发送信息，所以能够在移动中随时作为学习工具使用。依托于移动信息技术，只要携带了相关设备，学习者在任何场所中都可以开展移动学习的活动，并且除了集中地进行学习外，还能够充分地利用自身的碎片化时间，跨越时间和地点限制而实现随时学习。

2.具有能够随时进行交互的交流性

依托于移动学习设备和移动信息技术，学习者能够随时随地与学习同伴或教师进行无障碍交流。学习者不再是传统学习模式中的被灌输者，而是成为信息的主动建构者，除了能够实现与校内人员的交互外，还能够利用移动设备和互联网，与其他国家的学习者进行群体合作学习，彻底打破空间限制。

3. 学习资源具有多样性和生动性

在移动学习模式下，学习者的学习资源不再限制在课本范围内，还能在移动设备和信息技术的支持下，获得如音频、图像等各种更加立体、生动的学习资源，采用多样化的方式进行学习，能够为学习者提供更广阔的选择空间，让学习者们能够选择更加适合自己的方式进行学习，这有利于他们学习积极性的提高。在移动学习模式下，学习资源的内容更加丰富，且建立了一种崭新的学习交互方式。

4. 学习活动更具灵活性

在移动学习模式下，学习者可以灵活地选择上课的时段，并且能够根据自身情况，灵活地选择学习的空间，还能够根据自身的学习风格和需求，选取适合自己的学习资源，而后，选择适合进行学习的时间，制定属于自己的学习步调。这种学习上的灵活性，能够让具备不同学习能力和水准的学习者，均找到适合自己的学习节奏。

（二）移动学习的应用模式

1. 基于短消息技术的移动学习

利用短消息技术进行移动学习，包含了普通话音服务以及以文本形式发送的短消息服务。短消息即为浓缩的简短消息，以文字呈现的短消息，更有利于学习者之间的沟通和协作。并且，学习者与网络教育技术服务器之间，也能够利用短消息进行交互，例如，学习者可以通过使用手机等学习终端用户设备，将短信息直接发送到内置于互联网或网络教育客户端服务器，教育客户端服务器在解析用户的简短信息后转换为大数据请求，并经过数据分析、处理过程，然后传给学习者。运用这一特性，就能够满足学习者运用无线移动网络和互联网间的各种数据讯息进行交流的需求，从而共同完成相应的学习活动。

虽然基于短消息技术的移动学习在交互方面比较具有直接性和便利性，但是，它也具有一些缺点，如果数据信息中断，就无法进行联通，而且也无法访问教学终端和学习资源网页，也就很难进行多媒体资料的传递与展示，适用范围较窄。

2. 基于连接浏览的移动学习

因为 5G 技术的引入，移动数据的获取更加便捷、快速且稳定，因此，与依托于短消息技术的移动学习相比来说，采用连接式访问方法的移动学习，适用范围更加广泛。在这种应用模式下，学习者可以利用移动学习设备，在移动信息技术的支持下，随时访问教学终端，实现内容访问、检索和信息交换。并且，通过连接浏览的移动学习方法，能够传递的信息不仅局限于文字，而图片甚至是视频信息，都能够进行传递。

3. 基于校园无线网络的准移动学习

准移动教学指的是学习者能够在有限的局部区域内进行的移动学习。虽然5G技术已经开始大范围投入使用，但如果实现完全不受地点限制的移动学习，还需要一些时间。但是与之相比，目前无线局域网络的技术发展已经相对较为完善，那么，在无线局域网内，实现小范围地区内的移动学习，更易于实现。在我国大部分高校中，都建立了较为完善的局域性网络，以此作为课堂外学习途径的最佳补充。

（三）移动学习资源的运用

对于移动学习资源的运用，可以采取以下几种方式。

1. 多看

即在课堂之外的时间中，利用移动学习设备，多观看与课堂所讲授的学习内容有关的文字资料、照片、视频等资料，通过这种方式，不仅能够让学习者从课堂内所获得的知识更加牢固，同时还能够扩展学习的广度。

2. 多听

利用移动学习设备，除了可以看之外，还能够采取听的方式进行学习，如听与课堂教学配套的音频资源或拓展资料等。这种方式可以作为第一种学习方式的补充，在眼睛感到疲劳时，或者在进行其他对注意力集中度要求不高的活动时，都可以用听的方式来进行学习。

3. 阅读

利用移动设备，不仅能够阅读电子版的教材，让学习者能够更深入了解课内知识点，还能够阅读拓展资源，做到随时随地的移动阅读。通过阅读量的积累，不仅能够扩展知识的广度，还能够增加深度，这种方式尤其适用于语言类专业的知识。

4. 查

移动学习设备的优点就是可以随时随地使用，学习者可以充分利用其便捷性，养成课前预习的习惯，并学会利用网络搜索引擎或者相关书籍去查找相应的扩展资源。这样，在预习的基础上再跟随课堂进行学习，学习者可以更透彻地理解知识，并且能够慢慢养成自我学习的习惯，这一习惯将受用终身。

5. 提问

在进行移动教学的过程中，学习者要学会提出问题。并通过提问，来激发自己的思维，对学习的知识进行更深层次的思考。而如果所提出的问题自己难以解决，则可以利用上一步骤"查"的方法来查找相应的资源以寻求答案。或者还可以利用移动学习的便利之处，与其他学习者或任课教师进行信息的交互，借此寻求问题答案。

6. 训练习题

通过移动设备，学习者可以连接到互联网或者教育终端，其中存储有数量庞大且形式多样的训练习题。在课外的空闲时间中，学习者可以利用这些习题进行自主训练，通过题海战术的方式，来找出自己学习上的不足，对自己的学习进行评价反馈。在这一过程中，能够进一步巩固已学习的知识点，形成更深刻的记忆和理解。

三、泛在学习

（一）泛在学习的优势

泛在学习的含义可以从广义和狭义两个角度来解决。广义上泛指人在任何时候、任何地方、通过任意设备得到一切所需的学习资料，从而获得无处不的在学习服务的过程。狭义上，特指情景感知的泛在教学活动，即由移动装置、无线通信设备和传感支持下的教学活动。泛在教学活动具备了永久性、可获得性、立即性、交互性、教育行为现场性、环境适应性等特征。

泛在学习的一个突出优势是其具有泛在性。学习者能够在任意地点、任意时候，获得自身所需要的文件、数据和录像以及所有学习资讯。另一种优势则是计算装置方便先进。

（二）泛在学习的模式

1. 正式学习

以教材为教学资源开展的学习活动即为正式学习，如一些高校开展的由本校持有教师证的教师组织的校内课程的学习，就是正式学习。在正式的学习中，学校要完成设置和划分学科、教学大纲的编写、教学资料的编写等准备工作，并且还要完成实际教学及评价等实践性工作，还要根据教师及学习者的评价反馈，对整个流程不断地进行优化和改进；在参与正式学习模式的学习活动时，学习者要完成课程的选择、明确学习的目标，并制定自我学习的方法、正式开展学习活动、进行学业考核和获得评价。从表面上看，在正式的课程学习中学习者的学习活动与教师的教育活动大部分时间是分开的，交集很少，但实际上，二者却是不可分割的。

2. 非正式学习

非正式学习，是指学习者不借助学校教材，而是完全依靠数字化学习资料开展自主学习活动的一种学习模式。其常规流程为：学习者根据自身的学习需要，在网络上寻找合适的数字化学习资源，并根据所找到的学习资源进行学习，当目前所找到的学习资源无法完全满足自身学习需求时，学习者重复以上步骤，直至找到适合的资源为止。如此，学习者不仅能够获得知识，还能够对自身的学习风格和特点有所了解，并学会思考、分类、总结，而后可以书写一些体会和感悟，又或者创建一个全新的资料，并将其上传，让原有的学习资料体系更加丰富，以建立生成性的共享资源。这里所说的数字化学习资源，可能是一个文字、一幅图画、一个录像、一个课件等，也可以是一个整体的教学资源。课程的目标、行为、流程、效率都由学习者根据自身情况进行确定，不受其他外界因素的影响。

3. 准正式学习

准正式学习，是指根据学校资源和教材设计的、处于正式教学与非正式教学中间的一种学习模式。

而之所以称为准正式，主要原因就是在此类学习模式中，负责教育过程的通常是教育培训机构。它们会根据学习者主体的共性要求，设计适合主体的学习项目，创造泛在的学习环境，并编写教学资料，设定教学流程，在整个教学流程中进行对学习者的指导或辅导。而学习者则需根据自身的需求，对学习项目进行选择，而后在机构创造的环境下，开展学习活动。在准正式学习模式下，虽然机构对学习者的学习目标、行为、过程、资源等都能够完全掌控，但是，对于学习者的学习评价却缺乏规范的、强制性的标准和规定。

（三）泛在学习资源的构建

1. 构建泛在的资源网络空间

在泛在学习的环境之下，学习者能够在任何时候、任何位置通过所携带的学习设备，随时获得当前学习所需要的资料。而传统的单点或集中式的资料储存模式，不管从资料存贮率上或者是从资料获得的方便性上都无法适应泛在学习的需求，这就需要以分布式网路储存模式来储存资料。在物理空间中，存在着数不清的信息资源储存结点，而在各个信息资源结点之间利用无所不在的泛在信息通信网络建立了联系，并由此构筑成为一个无穷大的信息资源智能网络空间。这就为学习者获得学习资源提供了更为有力的支持，使学习过程变得更为轻松，无需再去各个平台寻找资源，省去了搜索资源所花费的时间。

2.构建能够满足所有学习者群体个性化学习所需要的资源

在泛在式学习环境下，学习者并不是固定的，且数量可以无限地增加，可能每一分钟内都有很多的学习者加入其中，而且，即使是同一个学习者，在不同的时间和地点下，所产生的学习需求也可能是存在差别的，因此为了能够满足所有学习者群体的个性化学习需求，必须保证具有丰富而多彩的学习资料。

所以，根据以上情况，我们不得不转变当前教学资料由专家学者或某组织单点推出的这种构建模型，让众多的学习者群体成为资料开发群体的一部分，如在他们完成学习后，可以结合自己在学习过程中的发现，对学习进行总结，将这些经验和学习过程中所使用的扩展资料进行上传，用这种能够充分发挥团体才智与能力的形式来扩展学习资源，最后构成一条能够无穷扩充的信息资源制造锁链。而这样的学习资源，在后期的使用过程中，可以借助于大数据的分析，让系统自动推送给与资料提供者学习风格类似的学习者，逐渐形成良性的循环，资源库自然也会越来越庞大。

3.非正式学习中的情境认知的支持

和正式学习相比较来说，非正式学习更为强调理论知识的实践运用与对实际生活情境提问的处理。非正式学习的结果发展将来源于具体实际的生活情境提问，而所学到的成果又将运用于实际的生活情境之中。所以，泛在教学环境中的教学资料，一方面需要被各种类型的情境感知装置所便捷地获得，以加强学习者与现实环境双方的互动性，使教学过程犹如在实际的情境中进行，从而便于知识的转化利用；而另一方面又需要含有大量的、以情境问题为核心内容的教学知识，用户除了能够获得一定的教学内容之外，还能够得到与某情境问题有关的知识点集合，以提高学习者对某情境知识的全方位理解与把握。

四、联通式学习

（一）联通式学习的内涵

联通主义认为，知识以节点的形式存在，而学习就是连接知识的过程，也就是找到知识间的路径。

（二）联通式学习成功的关键

1. 把握住联通式学习的要旨

联通式学习当然也不排除记忆，只不过与以前的记忆式学习相比较而言，它更加新颖，一般是采取脉络式记忆、概观式记忆等方法，帮助学生牢记所学内容。

2. 建立更大范围内的联通观

联通式学习的关键在于"联通"，这里所说的联通，不是小范围的、简单的联通，而是要建立更大范围内、更复杂的联通观，也就是说，在联通式学习中，既要知道本国的相关知识，也要知道全球范围内与之有关的知识；既要知道本学科的知识，也要对扩展专业或相关专业的知识有所了解；能够理解印刷类书籍的图文类知识，并且也能够理解数字化类的知识；既要理解过去的知识，更要理解当今的知识。

3. 建构多元化的联结网络

通过联通的方式，学习者可以建立一个属于自己的个性化知识网络结构，在这个网络结构中，包含了古今中外、国内外的多样化知识。而在这个网络结构的组成部分之间，存在着自己擅长的一面和不擅长的一面，是多元化的，其构造不能过于单一，可采取各种形式的联结方式来构建网络，让联结网络随内容的特性而改变，最忌联结的内容单一化。

4. 做到主客体的相互联通

主客体之间的联通既包括空间与资源、空间与服务、空间与人、空间与空间等多种联通，还包括虚与实、教与学、资源与资源、资源与人、人与人以及学习与生活的联通。资源、工具、服务、技术以及人，是空间构成的基本要素，各要素间联通性越强，则系统适应性越强[1]。

五、跨界学习

（一）跨界学习的内涵

对于跨界学习的定义，目前来说并没有形成统一的意见，不同的研究者对其所做的解释都存在着一定的差别。目前主要有以下几种说法：有的学者认为，跨

---

[1]　陈琳，王蔚，李冰冰，等. 智慧学习内涵及其智慧学习方式 [J]. 中国电化教育，2016（12）：31-37.

界学习是突破了不同专业、不同文化壁垒的一种学习方式，其跨越出了这些学术界限，能够学习到更多元化的知识，获得的是一种知识的融合。还有的学者认为，跨界学习是一种超越了界限的学习，这种跨界不仅包含了知识的获取方式，还包括了学习方法和学习思维的革新。也有学者认为，跨界学习是一种更多学科教学、课堂场景向全学校扩展、课程主题等教学要素的变化。综上所述，我们可以看出，虽然各学者对跨界学习的定义各有各的看法，但是这些看法之间还是存在着一定共性的，我们可以理解为跨界学习是学习者主动地以多维视野、综合方式、新思想发现事件相互之间的内在联系、逻辑规则等的综合能力。

实际上，每一门学科的发展都不可能是一蹴而就的，需要经历漫长的时间，并且每门学科也不可能是单独存在的，需要其他学科的支持，可以说不同的学科或专业之间，总是存在着一些联系的，而学科或专业的分割，是一种人为性的分割，这种分割是从传统课堂教学的角度出发的，但当前的时代是网络时代和信息时代，在新技术的支持下新的学习方式层出不穷，传统的学习方式已经不能够满足当代学习者的需求。跨界学习将会形成新思路、发掘新需求、开辟新应用领域，乃至开辟新市场，给学习者带来了更多机遇。

（二）跨界学习的教学策略

1.丰富自身的同时，以学习者个性为本

跨界学习可将受众主体分为教师和学习者两大主要群体，在这种学习模式之下，受众主体都需要做出一定的改变。而作为对学习者具有引领作用的教师，在跨界学习的课堂教学中，需要做出更多的改变，具体来说，包含了以下几个方面。

首先，跨界学习跨越了学科的界限，这就对教师群体提出了更高的要求，主要体现在知识储备和知识面广度上，只有这样，才能够对学习者进行指导和引领。教师可以通过参加课程研修、专业沙龙、网络公开课学习等方式，在进一步巩固自身所教授学科知识的同时，对知识结构进行扩展，以提高教学能力。并能够适时调节教育课程以适应学习者群体对自主性、综合性发展的需要，从而达到课程预设和生成过程的统一。

其次，教师还需要提高对学习者的关注度，这种关注并不仅限于学习进度和成绩方面，还需要重视学习者的个性发展和心理感受，把教育课程理论和学习者群体的生活经历结合在一起。

最后，教师需要时时反省自身的教育实践，从反省中提高教育质量。

2. 强化自身知识的联通性

作为教师，只有站在比学习者更高、更广阔的角度，才能够正确地引导学习者完成跨界学习。这里所说的更高、更广阔的角度包含了多方面内容。

首先，对于国家发布的最新教育政策以及前沿的教育理念应做到能够及时了解，并能够与自己现有的教学工作做紧密的结合，进行反思，以此来推动自己教学工作的发展。

其次，教师可以借助于网络，积极参与跨地域、跨专业的教育活动，来开拓自己的视野，并从这些教育活动中，找到新的教育素材和新焦点，提高自身的教学素养，注入新的思维。

在此，对于学习者的培养方面，教师可以利用多元素融入的方法，为学习者提供联通性的、综合性的学习资源，帮助学习者以联通的方式进行思考，从而形成可以跨界的、全新的认知系统。与此同时，教师还要注意引导学习者形成综合思考问题的能力，并养成利用思维导图概括总结知识点的学习习惯。

3. 扩展资源，助力课堂延伸

如果想顺利实现跨界式教育，不能仅依靠校内的力量，还需要将学习者的家庭、学习者本身、网络媒体等多个渠道结合起来。这是因为以上所提到的每一个渠道，在教学方面都具有自己的独特性和功效，可以从各个层面全方位地帮助学习者全面理解课程内容。而在课堂之外的时间内，教师可以利用互联网，创设多种多样的教学内容，让学习者根据自己的情况和个性进行自由选择，创设"个性"的学习环境，使学习者积极、自主地投入学习过程。在这一学习过程中，学习者将变成自主寻求未知事物的勘探者、设计方法的参加者、问题的实践者。

六、混合式学习

（一）混合式学习的内涵

"混合式学习"是由何克抗博士所最先倡导的，他提出混合式学习就是要将传统教学方法的优点与互联网教学的优点融合起来，也就是说，既要充分发挥教师在课堂教学过程中的指导、激励、监视学习者的作用，也要充分体现学习者的主体性和创新能力。混合学习包括了学习理论的混合、学习资源的混合及学习方式的混合。

1. 学习理论的混合

学习者在进行混合式学习时，需要如建构主义理论、联通主义理论、情景感知理论等多种学习理论的混合指导，以满足各种目标、各种环境以及各种学习信息资源的要求。

2. 学习资源的混合

无论是利用网络所开展的线上教学，还是更加生动的线下课堂教学，以及与学习同伴之间的学习经验共享等，都属于学习者的学习资源，将这些学习资源混合起来，就能够实现连贯性的学习，同时还可以构建起一个学习资源管理系统。

3. 学习方式的混合

总体来说，在当前的时代，有两种常见的学习方式，即借助于网络进行的学习，以及传统课堂式的师生面对面学习。学习方式的混合，指的就是这两者的有机融合。

（二）混合式学习的模式

1. 技能驱动模式

技术驱动模式是一种结合式的学习模式，作为学习者，需要结合自己的实际情况，如学习风格、学习时间、学习环境等因素，来制定具体的学习计划，同时，教师需要为学习者提供学习指导。在此模式中，学习者群体与指导教师之间的交流并不是面对面的，而基本上是采用信件、论坛等方式进行信息的交互。在这一过程中，学习者会将自定步调的学习计划和教师的指导意见融合到一块。此种模式具有简单、高效的特点，它可以避免学习者在进行学习时产生孤独感，并帮助学习者群体顺利完成自定步调的学习过程。

2. 态度驱动模式

将传统的面对面授课形式与网络课堂相融合的混合学习模式，即为态度驱动模式。在此种学习模式下，学习者先通过面对面授课的方式，获取协作学习过程中的基本内容、属性和目标，以及如何利用互联网信息技术实现合作的相关事项等。而后学习者再通过互联网，用网络协作的方法，进行新知识的学习。

3. 能力驱动模式

实际上学习者的可交流对象不仅有学习同伴和教师，还包括专家学者等专业性更强的一类人力资源，借助于与此类人员在线下或线上开展交流活动，而获得知识的学习模式即为能力驱动模式。在这种模式下，所获取的知识多为隐性知识，能够极大地扩展自己的知识面，且获得的知识水准通常都较高。

（三）混合式学习的总体步骤

混合式学习模式，通常包含了以下几个步骤。

1. 准备

在此步骤中，通过预习等手段，可以让学习者掌握所学知识的大体架构，并通过习题演练等方式，让学习者顺利进入下一个步骤之中。

2. 说明

在面对面授课阶段，通过授课教师的讲解和说明，向学习者全面介绍所学课程的学习目标、重点内容和重要概念等内容。

3. 传授方法

在说明了课程的大概情况后，需要为下一步网络学习打下基础。在这一步骤中，教师以演示的方式，向学习者传授学习技巧，其主要目的是让学习者掌握学习的方法。

4. 尝试

根据上一步骤中所传授的方法，让学习者进行学习技巧的尝试，来强化他们对所讲授内容的掌握，从而将知识变成内在所得。

5. 评价

教师或学习者自己采用测试等方式，对上一步骤的所得进行评价，通过这种方式来指导学习者发现自身学习的不足之处，使其在下面的学习中更加顺畅。

6. 指导

此步骤包含了来自教师和专家等人力资源对于学习者的指导，让学习者能够全面综合所有人际资源的经验，进行立体的、全方位的学习。

7. 互助

通过互助步骤让学习者在集体里与其他学习者们一起合作解决问题，这一过程也增进了学习者们对于专业知识的掌握。

第二章 智慧学习环境的建设

本章节内容为智慧学习环境的建设，分别从智慧学习环境的相关理论、教育4.0时代与智慧学习环境、智慧教室的建设、智慧校园的建设、智慧教育城市的建设五个方面阐述。

第一节 智慧学习环境的相关理论

一、智慧学习环境的概念及特征

（一）智慧学习环境的概念

黄荣怀等认为：智慧学习环境是一种能感知学习情景、识别学习者特征、提供合适的学习资源与便利的互动工具、自动记录学习过程和评测学习成果，以促进学习者有效学习的学习场所或活动空间[①]。

马来西亚学者 Chin 认为："智慧学习环境是一个以信息通信技术的应用为基础、以学习者为中心的且具备以下特征的环境：可以适应学习者不同的学习风格和学习能力；可以为学习者终身学习提供支持；为学习者的发展提供支持"[②]。

钟国祥提出智慧学习环境是从建构主义学习理论、混合学习理论、现代教学理论出发，以学习者学习为中心，由相匹配的设备、工具、技术、媒体、教材、教师、学习者等构成的一个智能性、开放式、集成化的数字虚拟现实学习空间，

---

① 黄荣怀，杨俊锋，胡永斌. 从数字学习环境到智慧学习环境——学习环境的变革与趋势[J]. 开放教育研究，2012，18（01）：75-84.
② Chin，K.W.Smart learning environment model for secondary schools in Malaysia：Anoverview [OL].

认为其既支持学习者学习的自主建构，又提供适时的学习指导①。

张东认为："智慧学习环境是数字学习环境的高端形态，是社会信息化背景下学习者对学习环境发展的诉求，也是有效促进学习与教学方式变革的支撑条件。"②

对于智慧学习环境的定义，国内外许多研究者都对它做出过论述与解析，但目前为止，还没能够达成共识。不过，尽管研究者们对智慧环境概念的关注点不同，但其核心思想却显示出了一些共同点，即智慧学习环境是指一种智慧的教学场景或教学活动空间环境，它以学习者为中心，以各类创新科技、工具、资料、教学活动为基础，具备了灵动、智慧、开放等特点，给学习者的有效学习带来了轻松、人性化的教学支撑。

（二）智慧学习环境的特征

1. 黄荣怀等认为智慧学习环境有以下特征

第一，智慧学习环境应体现出物理教育教学环境和虚拟教育教学环境的相互融合。在智慧学习环境中，对物理环境的认知、监测与调整功能逐步提升，增强新技术手段的运用，使得虚拟环境和现实物理环境无缝地融入③。

第二，智慧学习环境应当更好地供给适合于学习者群体、个性特征的教学支撑与咨询服务。智慧学习环境强调对学习者学习的过程记录、个人评价、效率评价和内容推荐；通过学习者模型，对其主动学习能力的训练过程发挥着规划、监测和评价等功能④。

第三，智慧学习环境既支持校内学习也支持校外学习，既支持正式学习也支持非正式学习。这里的学习者并非只是校内的学习者，也包括在工作中有学习需求的所有人⑤。

2. 程玫等将智慧学习环境的特征概括为"一个中心，两个基本点"⑥

所谓"一个中心"，就是说永远以学习者为中心，所有的工作出发点都以服务于学习者为基础，"两个基本点"包含了各种支持和自主发展这两个点。各种

---

① 钟国祥，张小真．一种通用智能学习环境模型的构建 [J]．计算机科学，2006，（01）：170-171.
② 张东．智慧学习环境：有效支撑学与教方式的变革 [N]．中国教育报．[2012-05-25].
③ 刘永权，刘海德．开放大学未来学习中心的架构——基于 PST 框架的智慧学习环境设计 [J]．中国远程教育（综合版），2014，000（003）：47-51.
④ 刘永权，刘海德．开放大学未来学习中心的架构——基于 PST 框架的智慧学习环境设计 [J]．中国远程教育（综合版），2014，000（003）：47-51.
⑤ 黄荣怀，杨俊锋，胡永斌．从数字学习环境到智慧学习环境——学习环境的变革与趋势 [J]．开放教育研究，2012，18（1）：10.
⑥ 程玫，单美贤．关于"智慧学习环境"的研究综述 [J]．现代教育技术，2013（09）：25-28.

支持条件是指所有帮助学习者完成学习活动的外界条件，比如教学资源、练习用具、教学方法等，而所有的这种外界条件也都按照学习者的特点而自动进行服务工作，以期达到知识环境环绕学习者的目标，这也是其最基本特征。而自主发展条件是指学习者为实现学习目标所做出的自身努力，以及对学习活动的内在要求，比如学习动机、学习方法、自我管理能力等，唯有通过学习者的主动配合、运用外界条件，智慧教育环境才能运转起来，从而能够给学习者带来良好的服务。

3. 崔惠萍等归纳了智慧学习环境的五个特征[①]

第一，情景感知、自然交互、虚实结合。

第二，智能化服务、个性化学习。

第三，全方位的无缝学习环境。

第四，广泛的社会参与性。

第五，丰富优质的数字学习资源的整合开放和共享。

二、智慧学习环境的构成要素及支撑技术

（一）智慧学习环境的构成要素

黄荣怀认为智慧学习环境的构成要素主要包括学习资源、智能工具、学习社群、教学社群、学习方式和教学方式六个部分（图2-1-1）[②]。

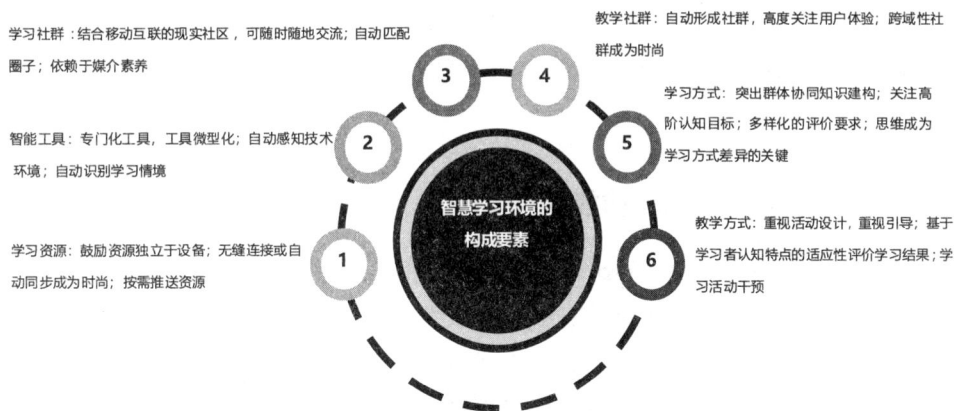

学习社群：结合移动互联的现实社区，可随时随地交流；自动匹配圈子；依赖于媒介素养

教学社群：自动形成社群，高度关注用户体验；跨域性社群成为时尚

智能工具：专门化工具，工具微型化；自动感知技术环境；自动识别学习情境

学习方式：突出群体协同知识建构；关注高阶认知目标；多样化的评价要求；思维成为学习方式差异的关键

学习资源：鼓励资源独立于设备；无缝连接或自动同步成为时尚；按需推送资源

教学方式：重视活动设计，重视引导；基于学习者认知特点的适应性评价学习结果；学习活动干预

智慧学习环境的构成要素

图2-1-1　智慧学习环境的构成要素

①　崔惠萍，傅钢善. 新技术与电子书包融合构建智慧学习环境的研究 [J]. 现代远距离教育，2014（06）：55-60.
②　黄荣怀. 智慧教育的三重境界：从环境、模式到体制 [J]. 现代远程教育研究，2014，（6）：3-11.

在这六个要素之中，学习社群和教学社群之间是彼此联系的，学习社群注重学习者间的交流、合作；教学社群，是指教师学习者共同学习、协同工作、寻求持续专业发展的统一体。同时，智慧学习环境也要兼顾学习者的学习方法与教师的教学方法，以共同推动有效学习的进行。因此，智慧学习环境的构建将与具体的教学方式与学习方法密切相关。

还有学者认为智慧学习环境的构成要素具有如下特点：在学习资源方面，更强调对生成性资源的存储和共享等；在智能工具方面，注重促进生成性信息的产生并对其进行捕捉和记录；在学习社群构建方面，强调学习者之间进行互动、探究、协作、交流，满足学习者课内课外的互动和学习需求，营造更多的生成机会和条件；在教学社群方面，强调教师之间共同学习、教学反思、寻求专业发展的统一体。教师和学习者通过生成性教与学方式与其他4个要素相互关联、相互作用，共同促进生成性教学的发生。学习资源和智能工具为学习社群和教学社群提供支持，学习社群与教学社群相互促进，实现教学相长，并对学习资源和智能工具的丰富起到了促进作用[①]。

（二）智慧学习环境的支撑技术

目前支撑智慧学习环境的技术发展愈加完善，如支撑识别情境的技术有认知模型、情感计算法等；支撑记录流程的技术有教学数据分析技能、评价技能、编码技能等；支撑认知学习环境的技术主要有物互联科技、传感器数据科技、GP信息等；推动联结社会发展的新技术主要有社区互联网、移动网络信息等。此外，有几种技术可以同样支撑智慧学习环境的这四项主要功能，如云计算技术、人工智能等[②]。

三、智慧学习环境的功能架构

智慧学习环境并不是突然出现的，它实际上是数字学习环境的升级。

智慧学习环境是现代先进信息技术与教育教学融合的必然结果，在智慧学习环境中，学习者能够更加轻松地、沉浸式地和有效地学习。智慧学习环境的技能特征，主要表现在记录学习过程、认知情境、感知学习环境、联结学习社群等方面，其目的在于鼓励学习者群体快乐、沉浸和有效地学习[③]。

① 柯清超，谢幼如. 连接与整合智慧校园与电子书包 [M]. 北京：高等教育出版社 2017.
② 黄荣怀. 智慧教育的三重境界：从环境，模式到体制 [J]. 现代远程教育研究，2014（6）：9.
③ 张永和，肖广德，胡永斌，等. 智慧学习环境中的学习情景识别——让学习环境有效服务学习者 [J]. 开放教育研究，2012，18（1）：5.

（一）记录过程

在智慧学习环境中，在诸多技术的支持下，可以通过一系列的手段掌握和记录学习者群体在知识获得、课堂交流、组织合作等方面的活动状况，并根据这些活动对教学是否达成目标做出分析。前面的所有操作，均有助于构建不同学习者的个性学习模式，为比较全面、正确地评价学习者的学习效果奠定了基础。

（二）认知学习者情境

在智慧学习环境中，可以通过记录学习者的学习过程来构建个性学习模式和教学情景，为学习者群体创造个性化教育资源和学习工具，并推动高效学习的进行。通过情景感知等技术，智慧学习环境能够自主识别学习者的学习情境，如学习者所在的学习地点、当下进行学习活动的时间、学习者的数量（是否有同伴）等，并根据以上所有的情景，推送适合学习者的学习资料，让学习者可以大大节约在此方面花费的时间。

（三）感知学习环境

在智慧学习环境中，安装在其中的如传感器技术等先进的感知技术，能够自动检测环境中的空气质量、环境温度、光照、噪声、气味等因素，并且根据当下的情况进行调节，创造出最为舒适的且适合学习者群体的物理学习环境。

（四）联结学习社群

在大数据技术的支持下，智慧学习环境能够自动地对学习者的特征数据进行分析，包括学习风格、学习水平、喜好等多个方面，而后找寻与其相近的学习者，通过推送等方式，使他们联结成为一个学习社群，让他们之间产生信息的交互，既可避免学习者产生孤独感，又能够提升学习者的积极性。

（五）促进快乐、沉浸和有效地学习

在智慧教育环境中，无需学习者主动去寻找学习资料，而是学习资料会自动推送给学习者。学习者也无需为了学习环境的舒适与否产生担忧，通过其所包含的一系列功能，可以让学习者快乐、沉浸和有效的学习。

第二节　教育 4.0 时代与智慧学习环境

一、教育的时代发展阶段

（一）教育 1.0 时代

教育的发展阶段与人类文明的发展可以说是息息相关的。在人类的原始时期，教育就已经有了雏形，最初级的教育阶段，我们可以称之为教育 1.0 时代，即人类处于"采摘与渔猎文明"时期所从事的教育活动。此时的教育是最为质朴的，是人类为了生存而进行的学习，此时人们的教育没有形成意识和体系，主要以发展学习者的狩猎、采集、捕鱼、制衣、战斗等基本生活技术为主要目标，教学方法主要是言传身教，课堂的组织形式则以小群体教学活动为主。

（二）教育 2.0 时代

经历了前一时期后，随着人类文明的发展，人们正式进入了教育 2.0 时代，这一时期人们不再从事原始活动，而开始有意识地进行农耕和养殖活动来维持生存。生活条件的提升促进了人们精神文明的发展，此时人们的教育已经形成了意识和体系。

但因为时代发展的限制，此时进行教育的目的更多地是为了做官，教育的受众也十分狭窄，以官家子弟和权贵阶层为主，知识传播与传承的主要载体是书籍。从一开始，书籍采用的是竹材，而后印刷术和造纸术这两种技术让书籍的重量变得更轻、更便于携带，也变得不再是少数人的专属，教育开始呈现出了飞速发展的形势。在该教育时代，学习主要依靠的是面授及自主学习的方式，教育机构主要是民办私塾和官办机构。

（三）教育 3.0 时代

工业时代的来临，意味着人们的生产活动变得更为轻松、高效，人们摆脱了传统的劳作和生产方式，但是随之而来的问题是，原有的知识层面已经不再适合人类的发展进程，这也意味着教育正式进入了 3.0 时代。社会性大工业生产急需大批量的专门科学技术人才，所以人们的学习目标发生了改变，除了需要学会做人、做事的知识外，还需要掌握现代科学技术和专业技能。

在一开始，知识还是主要依靠书籍来进行传播的，但是随着科学技术的不断发展，知识开始借助于广播、电视等新载体进行传播。学习的方式，除了面授教学和自主读书进行学习外，还可以采用收听广播、收看教学录像等更加多样化的方法。此时的教育机构以国家和教育部建立的院校为主导，同时以民办学校和教育辅导机构为补充。

（四）教育4.0时代

在工业时代之后，各种信息技术开始迅速地发展，这些技术缩短了人们的距离，人们可以进行跨区域的沟通，人类也开始进入了信息时代。借助于这些先进的技术，学习也变得与以往不同，教育也迈入了4.0时代。在这个时代，学习的目的变得更为广阔，不再局限于学做人、学技术等有限的范围内，而是以发展人本身的智能为目标。

除了书籍、电视等传播知识的旧载体外，网络以及移动终端逐渐成为知识传播的主流载体。教学的方式也从面对面的线下课堂教学，向线上授课或线上与线下结合授课的方向转变，学习不再受到时间和空间的限制。

二、教育4.0时代的特征

（一）以学习者为本

在"教育4.0时代"，课堂已不再是唯一的教学途径，教师也不再是唯一的权威，甚至对知识与技能的掌握也不再是唯一的能力要求。在"教育4.0时代"，学习者的心灵发展，学习者自主建立的认知系统，灵活运用的知识与技能，顺利完成各项任务、解决、应付挑战的学习能力，才是最关键的。

以学习者为本，就是将学习者作为学习活动的中心。因此，我们应当以科学的方法和数字化技术为重点，训练学生的计算思维，以便学生认识、定义和处理真实世界的复杂问题。

（二）教育技术发生了巨大变革

在教育4.0时代，教育技术发生了颠覆性的巨大变化，技术的发展焦点调整到"心智型"的教育技术方面。依托于互联网及先进信息技术的教学方式，能够打破时间和空间的界限，让学习得以随时随地地进行。同时，教育4.0时代还是一个知识快速更新的时期，传统灌输式教学开始逐渐贬值，学习不再仅限于掌握知识，更重要的是在心理能力与思维能力等方面获得发展，从而发展心智能力才是这一时期优质教学的王道。

三、迈向教育 4.0 时代必须实现的关键转变

（一）学校的意义发生转变

随着时代特征不断发生着变化，人们的教育和学习也发生了改变，终身学习成为教育的目标，学习活动不仅发生在传统校园范围内，也在不停地向校外发展。2020 年，世界经济论坛发布了《未来学校》白皮书，其中提出了关于"未来学校"的新定义，它不但包括了在传统校园内的教学，还包括了在校外一切发生教学活动的地点。由这种未来校园典范所形成的崭新未来校园空间，为推动世界高等教育体系改革发展带来了重要启示。

（二）将"以人为本的技能"作为核心技能

《未来学校》白皮书中特别强调，在当前的时代，除了需要培养学生专业技术方面的才能外，作为教育主体的校园教学，还需要培养学生"以人为本的技能"，即与人之间的协作精神、同理心以及集体意识等，掌握"以人为本的技能"才可以让学生们具有足够的能力，来肩负营造宽容与平等的未来社会的责任。

（三）学习内容的三大转变

1. 注重个人技能的培养

在当前的信息时代，地域与地域、国家与国家之间的界限在逐渐变弱，全球一体化、地球村不再仅仅是一种概念，而是逐渐转变为现实。在这种情况下，学习者不再单单是一个国家的公民，更是一个世界范围内的公民，眼界需要放得更远、更宽。学校作为培育人才的主要机构，应注重学习者个人技能的培养，这里的个人技能并不是说生活或能够为生存提供经济支持的技能，而是一种能够认识到自己是一名世界范围内的未来公民，能够了解世界问题的重要性，理解他们在世界范围中所承担的社会责任的技能。《未来学校》白皮书中表示：目前，以世界公民技能发展为聚焦点的新教学框架业已存在，现在也能够将之纳入现有教学中。

2. 重视创新能力和创造力的培养

一些发明创造均来自人的创新能力和创造力，这两种能力也可以说是整个人类社会进步的推动力，作为未来世界主人的学习者，应具有一定的创新能力和创造力。在教育 4.0 时代，学校应注重学习者这两方面能力的培养。从引导学生进行自主性学习开始，借助于智慧学习环境下的各种技术，养成在学习中解决问题

的能力，并且在解决问题的同时，对获得的知识结合自己的经验进行更新，以提升自己的创新能力和创造力。

3. 注重人际交往能力的培养

人生长于社会环境之中，每一个人都会与其他人发生一定的关系。每个人本身的人际关系网络就是独属于自身的一种人力方面的资源，当前的时代，不仅注重人的个人智力，还考验一个人的情商，也就是与他人之间的交际能力。若一个人不能很好地处理自己与他人之间的关系，可以说，他在一定的社会环境中，很难取得更高的发展。由此可见，注重人文意识的培养是当前教育必须做出的一种转变，在校园环境中，就可以有意识地训练学习者们的社交技巧。而通过现代信息技术的应用把世界上各个地区的课堂连接起来，可以帮助学习者群体在更广阔的范围内锻炼自我的社交能力，使学习者们在全球范围内组建的国际化队伍中，通过发挥人际交往才能，实现自我价值。

第三节　智慧教室的建设

一、智慧教室的特征

智慧教室，也就是一种装备了先进视听装置，并可以使用触摸、互动电子白板、电子书包等先进技术手段实现互动活动的，具备了高度智能的教学环境。智慧教室的内核就是交互，而这个互动活动是指教学活动过程中人、科技、资源与环境之间的高度整合。通过对先进技术的利用，打破传统教室的空间局限，是它与传统教室最大的差别，并且其还强调赋予学习者更大的自主性。总的来看，智慧教室具有如下特征。

（一）人性化特征

智慧教室属于智慧学习环境的典型代表和重要组成部分，在教室中，负责传授知识的教师和接受知识传授主体的学习者，才是智慧教室的主要使用者。无论在智慧教室中使用了哪些技术，这些技术都是为身在其中的人进行服务的，因此，这些所使用的教育技术的设计，均围绕着"以人为本"进行，这就是智慧教室人性化特征一个角度的体现。

除此之外，智慧教室的人性化特征还表现为，在课堂上教师可以完全摆脱传统教学技术的禁锢，将注意力更集中地放在教学过程中，能够把更多的时间用在与学习者之间的沟通上，而不必因为技术的限制而浪费珍贵的课堂时间。例如，在智慧教室中，交互式白板、电子书包属于标配，在讲课过程中教师可以通过运用交互式白板，更方便地对讲课过程中需要使用的材料的展示流程加以管理，通过提前设置，教师即使完全脱离控制台，也能够操控展示材料的播放方式，无需将活动范围限制其中，为教师发挥身体语言的作用提供了更广阔的空间，并且也能够解决在上课时因为教师来回移动而转移学习者注意力的问题。对学习者来说，在智慧教室中，通过教室内标配设备的运用，使教师所展示的材料从传统教室中单调的黑板变成了颜色更丰富、更多样化的载体，在智慧教室中，既保留了传统教室中板书的展示方式，同时又能显示、剪辑数字化的照片、录像等，可以让学习者对学习产生更大的兴趣，并提升学习过程中的专注力。

（二）开放性特征

智慧教室的开放性有两方面的体现，第一个方面表现为课堂形式的开放性；第二个方面则表现为教学资源的开放性。

与传统教室中桌椅固定位置不变的设计不同，在智慧教室中，无论是学习者使用的桌椅，还是用于教学的设备，都具有十分灵活的调整方式，在开课前，可以根据本节课所讲授内容的特点，调整教室内桌椅的摆放位置，并根据桌椅的摆放方式对教学设备进行调整，这种调整可以通过教室内的技术实现，而无需用人去移动。

而在教学资源方面，通过教室内的网络技术，教师和学习者都能够随时获取网络上的学习资源，为课堂上的授课活动提供了更多的可能性。

（三）智慧性特征

智慧教室与传统教室的最显著性区别，是其具有智慧性特征。智慧教室是在多种技术的支持下建设起来的，在智慧教室中，不仅有计算机、各种信息设备，还有能够进行情景感知、多态模拟等十分前沿的技术，这些技术使智慧教室具备了智慧性特征。

虽然智慧教室内的构成看起来十分复杂，实际上每一种构成要素都具有十分便捷的操作界面，并且也可以让教师或学习者通过教室内的计算机对它们进行控制。教师与学习者在智慧教室中的教与学过程，可以看作人和计算机之间进行的一种具有连续性互动的过程。并且，设备并不是单纯的具有机械性，它们更像是使用智慧教室的主体伙伴，参与在其中的互动各方，都有着和睦统一的合作关系。

智慧教室所具备的高智慧性特征，能够让教师和学习者群体将注意力更多地集中在教和学的流程本身，而无需关注信息技术。智慧的、友好的人机交互手段让人的创造力得以充分发挥。

（四）交互性特征

交互性是有效课堂教学的表现形态之一。在智慧教室内进行教学活动，就能够实现课堂教学的交互性。这个交互活动，包含了教学者与学习者之间的交互，学习者与学习者之间的交互，教学者、学习者与教育资源、学校网络资源之间的交互，教室课程主体与教室设备之间的人机交互，以及真实教室和虚拟教室中的人、教学资源和教学设备之间的交互等。

二、智慧教室系统的建设

（一）智慧教室教学系统的建设

目前，国内及国外都已经出现了一些智慧教室的典型建设案例，通过这些建设案例，研究者们发现，从现阶段来说，智慧教室的教学系统建设重点有以下三个方向：第一，主要研究的是智慧教室内的空间布局，重点研究怎样在各种技术支撑下的教学环境中，建立教与学过程的最佳活动模型与方法；第二，主要从智能教室的智慧性设置方面入手，重点研究怎样进行新技术的优化与组合应用；第三，是从智能软件方面着手，研究智能课堂教学系统的智能代理技术，重点分析怎样实现在智能课堂中学生的个性化学习问题。在以上三个方向的研究中，当前还大多停留在较低级的理论层次[①]。

目前，在国内及国外所建立的智慧教室教学系统组成，如表 2-3-1 所示。

表 2-3-1 智慧教室系统的基本组成

功能模块	所需设备	功能作用
呈现部分	双屏交互式电子白板	主要用于完成教学资料的呈现展示及与教师之间的交互沟通，两个屏幕分别用于展示教师教学资料和学生的学习信息
	触摸式液晶电视	同时兼具了电视机和交互屏幕的功能。在课堂上，教师可直接用手或钢笔作为书写工具，在屏幕上做板书，擦拭十分便捷，并且还具备绘图标注和多点显示等功能

---

① 陈金华. 智慧学习环境构建 [M]. 北京：国防工业出版社，2013.

功能模块	所需设备	功能作用
呈现部分	电子书包	是学习者在学校开展学习活动所使用的主要终端，其属于笔记本电脑及平板的集合体，是专门为在校学习者提供的产品，内嵌了大量软件系统资源并具有上网功能
	无线手写板	教师和学习者可以使用指尖或写字笔代替鼠标与按键，直接地在白板或液晶式电视画面上写下注记和使用电脑功能，给教师们带来独立自在的无线互动感受
传感部分	无线网络设备	通过无线技术设备，在教室区域内建立一种消息可以进行互动共享的互联网环境，但通常要实现两个网络互连方式，即4G/5G和WiFi
	护眼超短焦投影机	要求架设间距要短，且投影形成的画面拥有十分清晰的效果
信息获取部分	数字化视频展示台	通过USB接口即可直接和计算机相连，从而能够将实物文档、书籍等实体素材迅速传输到计算机上，并能够直接地在投影大显示屏上对其完成文字标注等操作，同时还能够直接地将讲解的内容贮存为数字笔记等
	智慧教师影音录编系统	可以使用多台摄影机从多角度对现场的师生活动进行拍摄，同时利用影音拍摄软件可以生成流媒体格式的录像资料
整合部分	教学信息整合控制台	能够有效集成手写液晶屏、计算机主控、音频装置、DVD充电柜及其上网联机等教学设备，并可以对它们进行统一化集中管理
控制部分	实时反馈系统	由学习者终端反锁设备、教师终端的专属遥控器设备，教师信息接收机以及控制系统的内嵌式应用软件控制系统四部门所构成，教师在课堂教学过程中，通过使用该软件控制系统能够随时进行随堂测验，以及进行其他的互动教学方式
	学习历程数据库系统	一个可以自行形成学习者学习历史数据的综合平台，能够主动整理各种课堂评价活动历史记录，以及将课堂上的所有学习信息记录、积累，形成学习者的个性学习资料
	智慧教室管理系统	包含显示屏管理工作和教学环境管理工作，当中，显示屏管理工作一般是指对课堂区域内教师电脑显示屏进行的管理工作；学习环境管理则是结合该智慧教室内学习者当下对学习环境的需求，运用智慧教室的支持技术，对环境中的光、声、温等进行控制

（二）智慧教室教学系统构建过程中需要解决的问题

智慧教室建设的核心理念是互动，它强调利用先进技术来突破传统学习空间局限，进而赋予学习者更大的自主性，并帮助学习者通过掌握资源学会解决问题的能力，以及与其他学习者相互协作解决问题的能力。

因此，在智慧教室教学系统的建设过程中，重点需要解决以下几个问题：第一，无线网络建设。支持学生利用网络上所有最优秀的教育资源与学习资料，并使用无线网络，使在学生学习终端上可以组建特定的合作小组，从而实现学生学习经验的共享和互动。第二，随着手写智能数字教学终端设备的发展和完善，传统按键控制数字化课堂教学文化，正在迅速地向着以手势计算为特色的全新数字化课堂教学文化方向转变，教师与学生之间的活动也会越来越简单、深入和人性化。第三，教学即时的信息反馈体系，促进了教师对学员基础知识掌握与能力运用状况的了解。第四，实时监测和数据分析系统，可以把教学过程中教师各自的教学活动状况真实地监测记录下来进行内容分析，并将成果进行可视化展示。第五，通过个性化分析与资源智能推荐体系的建立，可以对学习者进行个体化的差异分类，发现学习者的个体化需要，从而可以把互联网数据库学习平台中的有关聚集性教育资源有针对地供应给学习者，从而达到对学生学习过程的个体化智能指导。

三、智慧教室的应用模式

（一）教师导向模式

教师导向型模式的主要特点是可以最大限度地发挥教师的课堂引导功能，教师按照所指定的课堂教学目标，利用智慧教室内的各种多媒体教学设备，将本节课中需要掌握的重点内容，抑或是本节课的全部内容，通过图片、文字、视频等多种多媒体形式，向学习者群体进行展示。这种模式下智慧教室的应用，包含了以下几个步骤。

1. 搜集授课使用的资料

教师针对课程目标和教学内容，通过查找网上资源和学习资源信息库中的资料，做好全面的课前准备。

2. 对信息进行处理并展示

教师通过智慧教室内的教学设备，对所搜集到的资料进行处理，使其形成包含文字、图片、影音视频等在内的多元化形式，而后向学习者进行展示。

3. 融入情境教学手段

在智慧教室中，利用其先进的设备，教师可以轻松地完成教学情境的设计，通过这种方法提高学习者在课堂上的积极性，强化学生的沉浸感。

4.引导学习者进行交流

教师从结合当前课堂的教学需求出发，设计一些问题，引导学习者进行交流探讨，并通过智慧教室内如双屏交互式电子白板进行展示，而后上传至学习历程数据库系统，学习者通过运用电子书包，即可进行下载保存并学习。

5.归纳总结的提升

教师通过学生使用在多功能桌面中内嵌的影音设备所创造的教学情景来调动学生兴趣，同时介绍有关的教学信息并诱导学生反思，最后再出教师总结概括全部内容，并升华主旨。

（二）学习者协作模式

智慧学习区别于传统学习方式的显著特征就是"以学习者为中心"，锻炼的是学习者本身的学习能力，所以，学习者协作模式是智慧教师应用模式中最为主要的一种。在此种模式下，教师先提出与本节课程内容相关的重点问题，而后结合学习者们不同的个性，将学习者群体划分成多个学习小组，每个学习小组的成员，通过互相协作的方式来解决教师所提出问题的全部或者一部分，而后，再由不同协作小组将成果进行展示互动，共享他们的成果。学习者协作型模式是一个基于问题解决活动的协同性认知建构过程，它融合独立研究与协同探索两个方法，可以进一步发展学习者个人的思考能力，训练学习者的团队精神，促进学习者高层次知识创新能力的快速发展。这种模式下智慧教室的应用，包含了以下几个步骤。

1.教师发布问题

教师结合本节课的内容，向学习者提出问题，并通过智慧教室内如双屏交互式电子白板，以及学生的电子书包进行展示。

2.协作解决问题

学习者对教师发布的问题进行分析，根据其难度，组成学习协作小组，在小组组建完成后，利用智慧教室内桌椅可以灵活调整的特点，将小组成员集合在一起，形成能够使人产生团结感的环境氛围。而后通过协作的方式，解决教师发布的问题。

3.信息交换

在小组内通过协作找寻到答案后，不同的协作小组之间可以进行信息交换，此时可以充分利用智慧教室系统功能模块，将答案展示在双屏交互式电子白板上，以进行信息交换，获得更优答案，并开拓解题思路。而后，还可将研讨过程的记录，上传至学习历程数据库系统中，积累为学习历史资源，供课后随时查看。

4. 展示评价

基于对问题研究的结果，可以生成集体的结果与方案。利用互动电子白板和电子书包实现结果的呈现，同时使用实时反馈系统进行评价。

5. 分享体验

展示评价工作完成后，对每个学习者使用的网络电子图书袋、电子白板等做出经验总结，将不管胜利的或者失利的经历，汇总为经历体会，并上传后下达至学习者历程数据库。通过采用现实或近乎现实的任务与实际问题驱动，把学习理论知识与现实生活经历进行有机的融合，使学习者在做中学，在学中用，最终得到综合素质的提升。

（三）软件展示模式

软件展示模式主要是利用计算机仿真软件系统，构建适合学习者学习和训练的情境。学习者在练习过程中能够及时存储，有亲临现场的角色感受，从而培养学习者的实际动手能力。在智慧教室的环境中，通过泛在的互联网信息技术，学习者们能够充分运用多媒体、交互技术、虚拟科技来完成虚拟作业，并能够使用电子书包、互动电视和互动式的电子白板进行即时互动交流，共享经验。这种模式下智慧教室的应用，包含以下几个步骤。

1. 明确教学内容

教师用双屏交互式电子白板、互动电视等装置，向学习者讲述本次操作的基本知识，让学习者产生必要的认识，并明确实验内容。

2. 教师引导下完成模仿作业

在软件的演示型模式下，教师与学习者使用电子书包、互动电视等完成相应资源的下载和共享，学习者们一起完成作业，教师一起使用互动白板完成辅导，同时将全部教学过程经智能教室的影音录制系统完成录音，并提供后续练习。

3. 评价意义

经过模拟作业，学习者有了相应的实战经验，然后运用即时反馈系统加以评价，并利用电子白板做出反思分析报告，最后建立研究报告体系，在反思分析的基础上再完成作业，从而循序渐进地培养自己的学习技能。

第四节　智慧校园的建设

一、建设智慧校园的作用与重要意义

（一）建设智慧校园的主要作用

1. 提升培养人才的品质

智慧校园的建立，有利于建立人人交互、人机交流的智慧学习空间，促进教师教学方法改革，提升培养人才的品质。主要表现在：帮助教师进行混合式课堂教学，提升教学质量，为教师提供技术培训及教学咨询等；推动优秀教育资源的相互交流和共享，帮助教师运用多媒体技术及计算机进行课堂教学，提升教学的效益和品质；实施虚拟化仿真训练，既能够使学习者达成对实际过程训练和课堂导训的目的，也能够大幅减少对昂贵仪器设施的投资，达到节约资金的目的，并且，还能够避免在实操实训过程中发生危险，利于教师培养学员的岗位职业技术；指导学习者逐步适应信息化环境，提升在数码信息时代所需要的信息化思维能力，培养信息化行为方法，掌握国际信息化交往规范，发展信息化职业才能。

2. 提升教师的水平

智慧校园能够为教师提供智能化的在线协同工作平台，以提高教师教学科研水平和双师素养及创新能力。主要表现在：支持教师网上研修，支持高校教师在校进行远程研修，实施终生学习的目标，以提高教师学术创新能力并提高双师素养；支持教研科研的在线开展，极大地节省教研科研所花的费用，能够全面提升学校的研发能力，加快科研创新的脚步，增强院校自主创新的实力。

3. 提升学校管理与决策的水平

依托智慧校园的各种技术，在校园中能够开展基于大数据中心的资讯与数据资源的整合和大数据分析业务，以推动学校管理水平与决策水平的提升。主要表现在：推动学校实施全面流程管理模式，面对教师职工进行全方位的校务管理工作服务，以提升学校服务质量与效益；集成了多个分散的应用管理系统，进行统一身份验证，建立校园公共信息库，突破由于不同信息管理方式而产生的信息分享和获取不足的局面，实现各种基础数据管理的资源共享与互动；支持网络协作办公，推动决策信息与反馈信息迅速地在管理层和执行层的内部流转，进行扁平化管理工作，有效推动校园公平。

4.改善校园公共服务与生活水平

建设智慧校园的服务机制，可以形成虚拟校园社区，提高学校校园文化建设水平和学习者及教师的生活水平，并推动优质文化的传播。主要表现在：帮助学校构建网络社会，引导学校教师反映和分享不同的教育观点，鼓励师生平等，创造公开、民主的社会人文环境；提供学校网上服务和正版软件服务，营建守信和自由的社会人文环境；汇集网络上的数字化图书馆、档案馆、博物院、美术馆等，进一步发展教师人文素质；同时引进数字化、智能化的学生生活、医疗保健、娱乐、保安等业务，进一步提高学校的服务水准。

（二）建设智慧校园的重要意义

1.加快教育教学改革进程

在智慧校园支持下，学校教育不再是简单地将技术作为干预手段或是辅助工具，而是在智慧校园所创设的智慧教育环境下，应用网络化的思维与教学工具，颠覆传统的学校结构与教学流程，打造全新的学校教育生态。在互联网化的教育环境支撑下，政策、教师、课程、课堂、学习等要素都会发生相应改变，学校的教育教学以学生发展为中心，通过整合课内外、校内外优质教育资源，广泛和深入地开展各种创新教学实践活动，形成"连接式教育"，推动学校传统教学的流程再造和学校教育系统的结构性变革[①]。各种新媒介与新一代信息技术的运用，使得课堂环境由以前的封闭式课堂逐渐发展为自主开放性的网络化课堂空间，让学习者能够完全实现个性化发展。

2.全面提升学校管理效率

在智慧校园中，通过管理系统的运用，可以让校园内的信息实现规范化，且可以进行共享，同时利用大数据分析与可视化等技术，管理系统可以进行校园内的全面管理，彻底摆脱传统管理模式，而全面实现智慧管控。

大数据技术是智慧校园管理系统的主要支持技术之一，其可以在校园中对教师的教学和学习者的学习行为进行收集，而后通过对这些数据进行分析，发掘数据分析结果背后隐含的关联规律，并把这种规律性运用于实际教育管理实践中，为管理部门与决策者提供准确、全面、精确的数据分析支撑，为科学合理的教育管理和投资决策提供理论基础。

---

① 柯清超，谢幼如. 连接与整合智慧校园与电子书包 [M]. 北京：高等教育出版社，2017.

3. 实现校园资源的全方位共享与智慧化应用

（1）基础设施共享和智慧化应用

在智能校园构建和使用过程中，对于实现基础设施网络资源的广泛共享和对计算机网络及其设施资源的有效使用，都有着巨大的潜在价值。借助于物联网技术的支持，使万物互联互通，实现对物体高效地控制和反馈。借助云计算技术的支持，通过租用云服务器、存储器和网络硬件，可以降低学校对于网络基础设施的建设投入。

（2）数据资源共享与智慧化应用

智慧校园可以将网络上所有设备与系统连到一起，实现不同类型、不同大小数据的传输功能。未来的校园基础互联网必定是已经完成了光纤到户的有线互联网与无缝覆盖的无线网络的融合，统一的数据管理平台不仅能够减少数据孤岛与数据分散，更关键的是能够进行大规模数据挖掘与可视化。

（3）教学资源共享与智慧化应用

随着智慧校园建设的不断推进，对数字资源的重构方式也不断涌现新的思维和方式。在重构数字教学资源体系的过程中，学校可以采取自建、引导、联合等方法，开发具有专业课程资源、校本特色课程资源、见习实训资源和以科技创业活动等内容为主体的数字教学资源。

二、智慧校园的建设内容分析

（一）校园环境的建设

与传统校园环境相比来说，在智慧校园环境中，应能够让人们体会到便捷性及高效性，这也是智慧校园物理环境应具备的最基本特点。这种物理环境之中，实际融入了互联网技术与大数据分析技术，通过这两种技术，可以为学习者与教师们提供更为快捷、更为方便的空间与环境。智慧校园环境的建设，包括了基础互联网、环境认知与泛在导航、学校门禁与号牌辨识、能源监管体系等方面的内容。

智慧校园基础网络系统就是要达到泛在互联网的程度，即互联网无所不在，为泛在学校和移动教育以及移动办公室提供互联网基础。互联网覆盖包含有线和无线的覆盖范围：有线网络系统技术发展完善、稳定性强、比较安全可靠，无线上网具有灵活性，有线与无线网络相结合能充分发挥各种优势，经过无缝连接而构成的泛在网络系统，基本能够适应学校移动教育与办公室的需要。

环境认知技术主要运用于物联网覆盖、视频图像识别科技、射频通信技术、无线互联网技术、二维码技术等，以及时掌握个人或物品的环境信息和学习者群体动态状况；进行导航咨询服务，随时了解教师的排课状况、图书室状况、书籍使用资讯的查阅，外部人才咨询服务如校园地图浏览，学校办公流程查阅，教学科室课堂工作查阅等；开展对学生群体人性化的教学咨询服务，如捕捉并解析学习者知识点，并进行人性化引导、资料咨询等，以提升学习者的学习效果；对房间的室温、湿度、亮度等进行智慧管理；门禁系统智能管理，即通过指纹识别或一卡通卡标识等其他方式，对在校内外互动进出的人进行身份鉴别后及时放行等，既使得校园人员的进出更为方便，又能免去不必要的保安力量；以及校园机动车号牌数据信息识别系统，对校门以及校内地区的机动车进出或停放的状况自动识别、停放、泊车。

能耗监察管理系统，主要是提供科学技术上的节能控制管理工作。利用部署智能水表、电表等，对学校各房间内以及附近楼宇用水供电用暖等情况实施智慧监测，发现问题及时警示；通过利用感知系统，负责管理学校路灯、课堂、活动会场等的灯光控制系统。管理者可以利用智慧网络随时检测控制系统的工作状况，并了解能量利用情况。

智慧校园环境不仅是对信息化技术手段与设备的单纯运用，而且采用了现代化理念，运用最先进的信息技术与设备，进行人与人、人与物、物与物的全方位、充分的合作，还需要大量收集信息，并透过对大数据的发掘得到价值的引导信息，对未来发展做出正确预见，从而引导教育、引导学校管理乃至引导教学决策。

（二）智慧学习系统的建设

智慧校园建设的目的是支持智慧教育的开展。这些支持有一部分是直接的，也有一部分是间接的，智慧学习系统就是在大数据分析背景下必不可少的学校信息化的主要部分。

智慧学习系统与数字校园中所使用的单一多媒体和数字化教育平台完全不同，除了具有它们所具备的特点外，即便利性、互联网、泛在化等，其功用与结构上都有了很大扩展：包含以大数据分析为基石、以教学过程分析为主要手段的个性化课程规划，能够进行协同学习的学习者社群的组建，以及如掌上校园等基于个人定制的教育资讯推送系统等，并且，智慧学习系统还可以对学习者所需的学习资源进行统一的管理，根据学习者的需求提供个性化服务。

（三）智慧办公系统的建设

在智慧校园中，借助大数据等技术，不仅对于学习资源可以集中进行管理，还可以对校园中学习之外的其他办公信息进行统一的管理，当然，这就需要通过建设智慧协同办公系统来实现。运用智慧办公系统，能够有效减少校内不同部门之间信息不通的情况，打破信息的壁垒，做到校内信息的完全共享。

智慧协同办公系统是基于学校组织机构的管理信息系统的智慧融合，统一的校园教务、学习者、人事、财务、国资、后勤、科研等管理数据，极大地提高了管理层的运行效率。通过掌上校园，可以为手持智能终端提供无缝办公工具，实现师生泛在学习、办公[①]。

（四）资源分配预测及决策系统的建设

在智慧校园之中，资源分配预测及决策系统的建设也是十分重要的。借助该系统，以大数据分析技术为基础，学校方面可以结合所收集到的所有数据，有针对性地分配学校教育教学的资源，并进行一定的决策。

三、智慧图书馆的建设

（一）智慧图书馆的定义

智慧图书馆是借助先进的技术，把图书、人、空间连接成一种信息生态有机体，并运用对阅读活动的统计分析，为读者自主推送书籍、推送资料的智能型图书馆。在智慧图书馆内，通过物联网、云计算技术及智能设备的运用，即可进行图书馆内的自动化管理与服务。

（二）智慧图书馆的主要功能

1. 自动感知

智慧图书馆可以利用对互联网数字编码的感知系统，自主地感知到对方，并对之加以认知描述，把某一范畴信息内容的单种文献化，与阅读、馆员等相关信息个体交互，从而阻止信息内容的碎片化。智慧图书馆还可以将现实工作加以虚拟化，如利用场景感应，传递用户感兴趣的资讯；利用传感器装置，三维立体展示地图导航、自动借还等，以提高服务质量。

2. 随处可在的互联

在智慧图书馆的环境中，由于采用了如物联网等先进技术，信息内容都是以随处所在的、立体互动的方式产生的，既可能是图书室与人的互动，如座位信息

---

① 于长虹. 智慧校园智慧服务和运维平台构建研究 [J]. 中国电化教育，2015（08）：16-20.

管理系统等，又可能是人与他人的互动、图书与书间的数据信息互动。

3. 智慧化的管理

图书馆的主要管理对象是馆内文献资料和使用者，所以图书馆内的管理工作一般包括了两个方面：第一个方面是对图书馆内资料借阅的扫描，还有对书刊逾期款的缴纳、座位预订管理工作等，此外还包括了对馆内建设中的照明、温度、湿度，以及楼梯、门窗和保安摄像头等的物理环境，以及日常保护和监督管理等工作；第二个方面是对使用者活动的信息管理，还有对使用者个人借阅信息的智能分析、对使用活动的追踪管理工作等。通过智慧图书馆广泛、立体的信息认知与交互服务，不但能够使馆内实现物物互联、物人互联，更重要的是能够给馆内深层次的智慧管理工作与服务带来帮助，而有效的智慧管理工作也是智慧图书馆的重要特点所在。

4. 人性化的服务

与采用了数字技术为主的图书馆相比，智慧图书馆虽然融合了更多信息技术，但仍然秉承着"以人为本"的宗旨，所以，其主要功能特点的实现都是以提供人性化的信息为目标的。区别于以往的传统图书馆，智慧图书馆可以主动了解用户需要，并为其提供更加人性化的智能服务；同时，通过智能的馆舍设计，在室温、亮度、湿度等方面都实现了严格而精确的控制。

智慧图书馆能够为读者们提供一种愉悦的室内阅读环境，此外更有一系列馆内自动化设施、通借通还服务及其 3D 向导等业务模块，都将智慧图书馆个性化的服务宗旨表达得淋漓尽致。所以，个性化服务，并不仅仅是智慧图书馆的一种特色，更是智慧图书馆未来发展规划的最终目标。

四、智慧校园的建设现状与发展思考

（一）国内智慧校园的建设现状

当前，在我国国内已经有部分院校初步完成了智慧校园的建设，还有一部分院校正处在立项或建成的阶段。尽管各个学校的研究侧重各有差异，但基本都包含了网络学习环境、物联网认知、综合应用信息技术公共服务网络平台构建等。

2010 年，江南学院在国内率先创建了我国第一家实体型物联网工程学院，综合集成了计算机网络、通讯、信息技术、安全管理工程等现代前沿技术，并提出了建立"高起点、现代数字化、节约型校园"的理念，系统开发了"现代数字化电力监管平台"，监控覆盖率达 90% 以上。

2015年11月，华东师范大学出台了"实施现代信息化工程，打造出现代智能院校"的重要策略。在五年内，该校完善了顶层设计，加强信息融合创新，全力推动智能高校工程建设，优化信息化发展与公共服务环境推进信息化工程与高校教育、研究、管理工作和公共服务的深入融合发展，深入推进智慧图书馆工程的建设。

（二）智慧校园建设发展思考

第一，经过2010—2020年10年的教育信息化建设，我国中小学、职业院校和普通高校在数字校园建设方面已经取得了很大成绩。这些综合性建设成绩既包括信息化系统和资源，也包括信息化组织机构与保障体系、规范和标准体系等，由此构成了后续智慧校园发展的重要基础。

第二，智慧校园需要实现物理空间和信息空间有机衔接，并且具有感知化、融合化、泛在化、大数据化、个性服务、便捷获取、深度参与、分析预知等重要特征[1]。初期的智慧校园很难具备这些特征，真正意义上的智慧校园需要经过一个长期的探索、建设、应用与完善过程，不可能一蹴而就。

第三，智慧校园是数字校园的发展和升级。学校通过对数字校园进行智慧化建设，可以逐步将数字校园发展、提升为智慧校园，但是这一智慧化建设必然需要若干年的时间。因此，接下来的10年，必然是"数字校园"和"智慧校园"两个概念长期并存的阶段，大家不能因为智慧校园概念的"新"而否定掉"数字校园"这个"老"概念，即便在教育部《教育信息化2.0行动计划》（2018）这一纲领性文件中，依然重点强调的是数字校园的建设。

第四，想要完善智慧校园的建设，应该首先制定与其建设有关的规范和标准体系，以及建设智慧校园的大数据中心，并在此基础上，再对数字校园已有的系统进行智慧化改造升级，以及规划、设计和建设新的智慧化信息系统，然后对各类信息系统开展集成与整合。在建设智慧校园的过程中，虽然需要借助各类先进技术，使它们充分发挥各自的优势来推动智慧校园的运行，但是，也要避免走入仅关注技术而忽略使用者的误区，以人为本才是智慧校园建设的原则。

---

① 曹彩凤. 智慧校园建设总体架构模型及典型应用分析 [J]. 电脑知识与技术（学术版），2020，16（16）：3.

第五节 智慧教育城市的建设

一、智慧教育城市的概念及智慧教育建设

（一）智慧教育城市的概念

根据新东方 OK 智慧学院的定义："智慧教育城是城市中教育现代化发展的高级形态。智慧教育城市坚持以应用为驱动，以数据为支撑和基础，把人工智能、物联网、云计算、大数据、移动互联网等新技术与教育教学深度融合，通过汇集区域内教育教学数据、教育管理数据，使用数据模型、数据挖掘等数据处理技术，实现城市的智慧教育精准性、管理科学性和学习的高效率。打造以学习者为中心的全新教育生态。[①]"

（二）智慧城市中的智慧教育建设

智慧城市中的智慧教育建设，总的来说包含了四个方面、两种制度和一个体系。四个方面指的就是感应方面、通信方面、数据分析方面和运用方面。

感应方面是指在智慧城市中，所有数据信息均能够通过城市内安装的感应器或者摄像头进行全方位的采集，这些数据可为城市的管理和学习者的学习提供数据基础；与此同时，市民如果需要某一方面的信息，也能够通过手里的移动设备来进行接收，从而实现城市中的信息互动。

通信方面是指在智慧城市中，所有通过大数据技术收集的各类数据信息，都可以在移动网络、互联网或者物联网的支持下，实现信息的推送、传输与接收。

数据分析方面指的就是智慧城市中所使用的大数据技术，为了存储收集到的所有数据，智慧城市中必然会存在大数据分析存储中心，这里可以对在城市内与周围环境中所收集到的数据进行分类和分析，通过这些操作能够形成预警和预测体系，和对城市内的灾难应急或者城市内其他类型的应急做出及时的协同反应，提高城市生活的安全性，减轻城市管理压力。

运用方面是指智慧城市运营中不能缺少的基本要素，它们包括了智慧生活、智慧管理、智慧出行、智慧经营及智能环保等。

两种制度指的是管理制度和保障制度，它们对于传统城市来说都是不可或缺的，而在智慧城市中，虽然外在表现上其与传统城市的差别不明显，但是给人们

---

① 汪于祺. 基于 PEST 分析的智慧教育城市建设和发展策略研究 [J]. 中国商论，2021（08）：116-120.

生活带来的改变却是巨大的，所以更需要这两种制度的支持，在它们的保障下，才能够保证城市的正常运转。

一个体系指的是智慧教育服务体系。智慧教育城市的核心是智慧教育，所以同样也离不开智慧教育服务系统对城市内市民进行的终身式学习和创新型学习的有效支撑。

本书的主题是智慧教育，所以下面重点讨论的是智慧教育城市之中的智慧教育服务体系，其拥有以下几个可确定的重要要素。

1. 庞大的学习资源

学习者群体中存在着较大的差异性，他们在学习风格、学习方法、学习进程等方面是不同的，所以对于学习资料，也有着不同的需求。一座城市内的学习者数量是庞大的，所以建设智慧教育城市，首先应保证的就是庞大的学习资源，这些资源是实现智慧学习的基础保障和学习者群体进行学习的源泉。这些庞大的学习资源包含了大规模的素材库或者应用资源库，其中有数字化教材、能够帮助学习者自己或教师对学习进行评价的习题和考卷、可随时下载和进行阅读的电子文档、各种多媒体资料、专家学者们发表的文献资料及其索引库、网上教学辅助工具、数字化图书馆，还有人性化的学习空间等。其本质上就是一种教育资源、学习者资源的系统，该资源库可以帮助学习者终生学习。

2. 广受众的在线开放课程服务

广受众是对在线开放课程使用人群的一种描述，即指学习者群体的广泛性，无论用户从事的是何种行业、处于何种年龄层，只要有学习的需求，就可以通过在线开放课程进行自主学习。在线开放课堂所提供的学习服务，是发生在互联网上的，学习者可以在自己适合的时间内通过观看视频的方式进行学习，具有时间和地点上的灵活性，如 MOOC、可汗学院、TED 及网上公开课等均属于现在较流行的在线开放课程形式。

3. 智慧化的学习管理服务

与在校学习不同，当学习者采用自主学习的方式进行学习时，就需要通过智慧化的学习管理服务对其提供一定的支持。例如，通过大数据技术收集学习者使用教育城市所提供的学习资源库或跟随在线开放课程进行学习的学习数据、习惯、风格、结果等，而后根据这些数据，给予全方位的评价，之后将评价的结果和建议发送给学习者本人，辅助学习者进行学习。这样，可以避免学习者在自主学习时，发生学习目标偏离而无法达成学习目标的问题。并且，还可以让学习者从中获得鼓励，提高自主学习的积极性。

4. 教育类型的多样性

在智慧教育城市中，包含了多种类型的教育阶段，具体来说应有小学、中高职、高等院校、持续教育、企业教育、家庭教育和特殊教育等，教育类型越具备多样性，证明智慧教育城市的建设越成熟。

以上这些教育阶段所面对的学习者群体存在着较大的差异性，无论是年龄、接受知识的迅速程度、对自我管理的能力等都有很大的不同，所以应设计不同的教育培养机制，以增加教学的适应性。小学阶段的学习者，应着重发展基础素质教育，训练他们的意志力和动手能力，为其今后开展更高要求的学习打下坚实的基础；中高职教育面对的是青少年群体，此阶段的学习者注重的是专业技能和集体意识的培养，为进入社会做好准备；高校所培养的学习者是高端技术人员、科研人才的储备，除了需要掌握专业技能、集体意识外，还应具备自主学习的能力；而对于已经走入工作岗位的成年人群体来说，需提供的是持续教育和专业化更强的企业教育，或面向如残障人士等特殊人群的综合素质训练。在所有教育阶段，家庭教育是最为特殊的，其将贯穿学习者的终生，并为社会各个年龄段的成人提出家庭咨询。

5. 学习方式多样化

智慧教育的学习方法也是十分多元的，提供支持个体化的教学、小组式群智教学、泛在教学、情景认知教学、移动教学等各种教学方法。不同的教学场所、不同的教学时段、不同的教学步调都可能选择截然不同的教学方法，但学习者可以依据自己的所处环境和学习目标来选择使用哪种方法。

6. 终身型学习与创新型学习

不同的时代所具有的特征是不同的，对人的要求不同，自然教育的目的也存在着明显的差异，当前我们处在数字化时代，以"教人明白做人的道理并掌握能够寻求一定的职业发展的技能"为教育目标，已经不能够适应时代的特征。除了以上的教育目标外，现在的教育更加注重的是"以人为本"，即教育的过程是开发人的创造力及其潜在人生价值的过程。当代社会是快节奏的社会，想要适应社会的特征就需要不停地进行学习，并且在不断的学习中，还要具有创新的能力，从这个角度来看，某一个阶段集中性的学习已经不能满足当代的教育目标。而反过来说，具有终身学习能力和创新能力的人，对于智慧城市的发展同样具有助推作用，可以进一步促成智慧城市建设的完善。所以我们说，终身型学习与创新型学习也是城市智慧高等教育的特点所在。

7. 学习者个性学习档案

根据所收集到的学习者的各种数据，利用智慧城市的数据库中心，可以建立起属于每个学习者的个性学习档案，学习者可以登录终端随时对自己的档案进行查看，并通过阶段性的总结，制定下阶段的学习目标，并改正学习中的不足，这些都能够对学习者的终生学习提供有利的技术支持和服务保障。

二、建设智慧教育城市的四种有利因素

（一）政治因素

1. 国家政策的指引

2018 年我国的教育部发布了《教育信息化 2.0 行动规划》，这是智慧教育首次正式进入到了国家级别的文件中。除此之外，政府还发布了与教育信息化有关的一系列重要文件，意味着我国正式步入了发展智慧教育的阶段。这些国家政策的指引，证明我国各项基础建设已经完全成熟，到了全力发展教育信息化的新阶段。这对推进我国的教育进程和发展教育强国的策略，都有着重要的意义。教育信息化也是智慧教育城市的一个显著特点，全力发展教育信息化，能够有效推动我国现代教育的蓬勃发展，也是我国高等教育现代化的基本内容，具有历史性的重大使命。通过智慧教育城市内的各项有利于教育信息化基础项目建设的完成，必然会出现诸多关于此方面的实用性案例，而这些案例之间因为条件、面对人群等方面存在着差别，所以案例之间也会存在着一些差异性，通过对这些包含各种特点的案例总结，我们可以发现其中的不足，并不断改进，从而让教育信息化的建设变得快速且日益完善。这种由量变过渡至质变的技术提升与转化，能够进一步促进智慧教育城市向更加蓬勃的方向发展。

2. 多方联合合作加快建设脚步

国家层面发布的关于教育信息化的政策，可以为智慧教育城市的建设提供有力的指导。但是除此之外，智慧教育城市还需要发挥各级政府部门的引领作用，将其作为一项全民性的重要政策，让社会层面上的各类人群以及各种类型的企业都参与进来，采取多方联合的方式，加快智慧教育城市建设的速度。智慧教育城市的建设，不是一蹴而就的，它涉及很多方面的内容，所以，多方联合的策略对智慧教育城市的建立来讲具有极其重要的作用。

（二）经济因素

当前的时代是数字化时代，也是信息技术飞速发展的一个时代。各行各业都在借助于先进的信息技术，这也使得数字化与实体经济的融合越来越紧密。由中国信通院发布的《我国数字经济发展白皮书（2020年）》中提到了数字产业化、产业数字化、数字化治理、数据价值化，可见数字化在当前国家经济的发展中占据着重要地位，这也是顺应时代发展需求的一种体现。

数字经济的目标是以数字科技为核心推动力，以现代互联网为主要载体，借助数字科技与实体经济的深入融合，持续提升国民经济数字化、网络化、智能化水平，加快重构我国经济社会发展和管理的全新经济形式。我国数字经济规模将不断扩大，对于我国经济社会发展的贡献将进一步扩大[1]。

智慧教育城市从本质上看，也是传统城市朝数字化方向的一种转变。数字化经济的飞速发展，对智慧教育城市的建设必然有着助推作用。

（三）社会因素

2020年"新冠肺炎"爆发，线下教学受到了极大的影响，众多学校纷纷开始开展线上教学。而在2020年春季线上教学结束后，教育部印发了《关于做好2020年秋季学期教育教学和疫情防控工作的通知》，要求各个学校按照"错区域、错层次、错时、错峰""属地统筹"等原则，周密安排2020年秋季学期开学工作。为了巩固春季学期"停课不停学"取得的成果，进一步推进线上线下教育教学的紧密融合，促进学生自主学习、共享优质教育资源，提高教育教学质量[2]，很多学校要求教师做好线上线下教学即时切换准备。针对疫情变化的复杂情况，全体教师在授课过程中均要使用线上教学软件、加强线上课程建设，时刻做好线下教学切换线上教学准备。

而由于我国近年来在教育信息化建设和智慧教育方面都取得了一定的成就，所以线上上课对于各学校和广大教师来讲，并不是超越能力的事情，据统计，目前我国有三亿多的教师在有序地进行网络教育。而在疫情的影响之下，我国的国民对于线上上课的接受程度也非常乐观。这表示我国居民对于教育信息化和智慧教育的认可性、接受度、适应程度在不断地增强，这对我国未来的智慧教育体系建设、智慧教育城市的建设提供了更为有利的条件。

---

① 汪于祺. 基于 PEST 分析的智慧教育城市建设和发展策略研究 [J]. 中国商论，2021（08）：116–120.
② 佚名. 教育部：发文部署 2020 年秋季学期教育教学和疫情防控工作 [J]. 中国食品，2020（17）：2.

（四）科技因素

1.5G 技术的影响

2016 年，我国开始进入了 5G 技术应用的试验阶段，时经 3 年后，于 2019 年，我国的 5G 正式迈入了商用阶段，这也意味着我国的 5G 建设已经初见成效，开始向快速发展阶段进发。在这种背景下，全国各个行业都开始与 5G 技术进行融合，作为培育国家未来人才的教育行业是国家发展的基础，在与 5G 技术的融合上自然位列第一梯队。

按照我国国家互联网与网络数据中心（CNNIC）公布的第 45 次《我国交互网络技术发展统计分析报表》来看，截至 2020 年 3 月，我国的在线教育用户数量增长速度超过了一倍。这也反映了 5G 技术的应用对在线教育发展的巨大促进作用，网络稳定性的提高、延迟性的降低，能够提升用户的愉悦感。除此之外，5G 技术的应用还将极大提高教育资讯的利用率与传播能力，从而为 VR、AR、MR 科技融入在线教育中带来更多的可能性与巨大前景。

2. "数字鸿沟"的影响

随着近年来网络建设的高速发展，现实中全球各个国家经济发展水平的差异却越加明显，数位落差和数位鸿沟也包括其中。所谓的数位落差和数位鸿沟，简单来说就是"资讯富有者和资讯贫穷者中间的鸿沟"。在智慧教育城市建设与智慧教育事业发展的过程中，数字鸿沟将产生诸多的不良影响，其主要包括有：增加个人就业机会的不均等；增加企业竞争的不均衡，以及增加区域发展的不协调性等。这些因素也将对我国的智慧教育城市建设产生极为重大的影响。

三、智慧教育城市的发展策略

（一）社会各层面联合推进建设进度

在智慧教育城市的建设中，从微观角度来看，教育行业和信息化技术领域之间的相互配合，是不可缺少的。智慧教育城市的建立，就离不开信息的应用与支持。而从宏观角度来看，社会各层面的联合也是必不可少的。包括通讯资讯应用领域，其可为信息技术的应用方面提供咨询服务，除此之外，智慧教育城市的运作还需要其他实施方面或企业、人员的支援，各个层面协调配套，才能使整个建设工作顺利推进。

（二）利用智慧教育城市的建设消弭"数字鸿沟"

建设智慧教育城市，可以减少地方间的数字鸿沟。在智慧教育城市未来的进一步发展中，可以以同时建设智慧教育城市硬件条件和软件条件的方式来重新弥合"连接鸿沟"。除此之外，还可以重点培养城市居民对数字技术的应用能力，来减少"能力鸿沟"。总而言之，在建设智慧教育城市的过程中，对于处于不同生活环境、来自不同地区不同家庭、进行不同工作的人群，应把数字技术应用素质的培养和家庭教育、在校教育、在职教育等有机结合起来，以构建全面立体化的新型城市文化教育模式。

第三章　智慧学习资源的开发与应用

本章节内容为智慧学习资源的开发与应用，分别从智慧学习资源概述、智慧教育教学平台的选择、在线开放课程的开发与应用三方面进行阐述，以期能够为利用好智慧学习资源提供有益帮助。

第一节　智慧学习资源概述

一、智慧学习资源的特征

（一）学习者群体的偏好建模

学习者群体的偏好建模以了解学习者群体的需求为中心，经过识别、了解、更新和测量学习者群体需求的流程，最后完成学习者群体的需求和偏好模型，从而为智慧学习环境资源推荐提供了分析来源。而智慧学习环境中各种资源的提供，也将以学习者群体的了解需求与兴趣偏好为主要目标导向。所以，实现各种资源提供服务的关键问题，就是构建一个分析、确定与管理学习者群体需求的策略和方案，这是实现各种资源智能推荐的重要一步。对智慧学习环境中学习者群体的需求进行管理，其实质意义上便是建立学习者群体需求模型的过程。

偏好数据分析抽取，为学习者群体的日常学习与创新创造了必要的数据分析源泉，其获取数据的总量与品质，直接影响了学习者群体偏好在日常学习与更新过程的效率与效果。学习者群体偏爱的测量是对学习者学习倾向，特别是对潜在学习者群体倾向变化趋势的一个形式化体现，既直接面向于数据结构和计算实现过程，更是实现技术支持的业务关键。学习者偏爱学习与创新是对全共同体学习者学习倾向变化趋势的有效监控，是持续满足用户群体兴趣爱好转变和需求的基础保证，更是提升服务质量与效率的基本保证。

（二）学习资源的建模

学习资源的建模以学习者的信息资源需要为中枢，以信息资源的有序化、聚合、推送和进化为重点研究内容，这也是进行智慧学习环境信息资源服务研究的关键问题。学习者信息资源是与智慧学习自然环境学习者之间实现交互、沟通、合作的基础和介质，信息资源和学习者需要的合理比例和适当搭配是智慧学习自然环境高效教学的重要基础。智慧学习环境下学习资源的建模，分为四个环节。

首先，需要做好的是对学习资料的序化，这种序化的方法是十分多样的。例如，可以按照学习主题进行排序，或者按照学习时间排序。除此以外，还需要对学习资源按照类型进行聚集，即通过个性化推荐技术进行相似学习者兴趣资料的聚类，进而达到向相似学习者进行相同资料介绍的目的。资料序化和资料聚类，确实可以在一定程度上提高学习者资料服务的个性化，但是要达到持续的资料服务质量，学习者资料的持续生成和改进才是关键问题。

（三）学习服务的建模

对学习服务进行建模，是以学习者的学习服务需要为导向，通过构建交互沟通的技术平台、构建高效的资源推送策略、建立基于资源语义的学习者共同体和利用协同感知过程构建社会感知网络四个方面的工作，来实现资源服务过程[①]。

二、智慧学习环境中学习资源的检索特征

（一）基于智能代理的搜索平台

基于智能代理系统的学习者资源搜索平台，是一种典型的多代理操作系统。学习者代理是常驻于学习者的 Agent，负责维护学习者偏好信息库；资源检索代理则是进行资源任务搜索的移动 Agent，负责在各个资源库系统间移动，搜索所需的资料并反馈结果等。该资源搜索平台的一般运行过程是：第一，学习者向 LA 发出资源搜索申请；第二，LA 按照学习者要求和学习者喜好，确认资源搜索消息；第三，LA 产生一个 QA，并通知搜索信息；第四，QA 登陆资源数据库 A，并检查是否有需要的资料；第五，若 QA 未能发现所需资料，则移动至资源数据库 B。可以看出，在平台运行过程中包含了大量的与 Agent 间的通讯。也有许多代理通

---

① 杨丽娜，肖克曦，刘淑霞. 面向泛在学习环境的个性化资源服务框架 [J]. 中国电化教育，2012（7）：5.

信语句可用于解决 Agent 间的通讯，其中最有代表性的是知识查询操作语句。

（二）基于情境感知的学习资源检索

1. 基于情境感知的资源检索模块

（1）情境感知模块

情景感知模块主要由情景获得引擎、情景模型和情景数据库系统所构成。情景获得引擎主要负责管理收集、管理和解析给学习者的情景信息，并把所收集的信息保存到情景数据库系统。情景模型，即基于本体信息的情景模型，界定了在情景数据库系统中所保存信息的种类。而情景模型和情景数据库系统最大的不同之处在于：情景模型是数据库系统上层的数据模型，属于概念层面，而情景数据库系统则属于物理层。

（2）学习资源模块

学习资源模式由教学信息资源元数据和信息资源实体组成。其依据教学资源建设技术规范定义的学习资源元数据属性，并按照该技术所规范的教学资源划分标准，来建立和管理教学资源信息实体。为使所搜索的学习者资料和教学设施物理参数相符，"大小""地址""终端学习者类型""适用对象""说明"等所有在技术规范中被界定为可供选择的数据元素，在本模块中都是必要元件。

（3）匹配规则模块

各种类型的情景资讯间具有互相依赖的关联，如网络渠道和学习者群体的信息资源种类倾向等，在与网络渠道比较时，视讯资料将排斥于信息资源搜索集外，即学习者群体更偏爱视讯类别的资料。为此，本模块界定了学习资料筛选规则，规范格式如下："事件、条件—动作"。当要求为真时，某事件将引起情景的变化并引起一定的过滤规则。条件变量界定了过滤所需要达到的前提条件要求，而动态变数则描绘了一些具体形式的筛选动态，如搜索特殊学习资料等。该模式在某种程度上也起到了桥梁功能，借助一定的规则构建了情景本身与教学资源之间的联系。

（4）资源检索模块

本模块操作分为两个步骤进行，第一步按照匹配规则模型所给出的过滤准则，通过遵循一定的处理逻辑和算法完成元数据检索，并把搜索结论集以表单的形态反馈给学习者。学习者选取指定的学习资源之后，通过搜索组件在底层资源库和操作系统中搜索并加载资源实体。

（5）呈现组件模块

本模式的主要作用是基于学习者当前所采用的教学设施类别，将检索模式中下载的资料或实体内容以最佳的方法提供给学习者。

2.基于情境感知的学习资源检索流程

首先，学习者使用学习终端通过特定的传输路径，登录基于情景认知的资源搜索引擎门户网，情景信息获取引擎将自动收集、管理和解析学习者的情景信息，并将信息保存在情境信息库。假设学习者是第一次注册门户网，则操作系统需要为学习者完成登录。当学习者需要输入搜索关键词后，操作系统将针对关键词和数据库中保存的情景信息产生一定的筛选准则。接着，操作系统按照筛选准则查询资源元数据结果中符合要求的资料，并将检索结果以目录的形态返还给学习者。其次，当学习者需要重新选定教学对象时，操作系统将查询并下载资料实体。最后，展示性组件模块系统根据学习者群体服务终端特点。以最佳的方案将资料展示给学习者群体。总之，基于情景感知的学习者群体信息系统资源搜索引擎，基于学习者群体的消息、日历、关联、喜好等学习者群体情景信息内容，以及服务要求、服务质量、设施、工作环境等学习者群体服务情景信息内容，以恰当的时机、恰当的方法，提交给目标用户合适的资源信息内容。

第二节　智慧教育教学平台的选择

一、智慧教育教学平台的类型

（一）智慧教育平台

智慧教育教学平台主要是指结合实际教学需求，建立的基于互联网的教学管理与沟通平台。其具有突出的灵活性与便捷性优势，涉及网上备课、课件制作、素材收集以及网上交流等多方面服务，为推动现代教育事业的发展，提供了有力的支持[①]。

智慧教育平台一般涵盖以下功能：教育资源平台、网络教学平台、课堂信息交流平台、课堂质量监督平台、课堂内容管控平台、教师网络考核平台、课堂内容大数据挖掘平台、教师多维度评教、学员多样化测评等多种平台，以全方位解

---

① 杨玲. 网络辅助教学平台的选择与对比研究 [J]. 计算机产品与流通，2019（11）：1.

决学校教师"教""学""管""评""测"的个性化教学业务需求。

（二）网络辅助教学平台

网络辅助教学平台也被称作在线教学平台或者数字化教学系统等，主要是指结合实际教学需求，建立的基于互联网的教学管理与沟通平台。网络辅助教学平台具有突出的灵活性与便捷性优势，涉及网上备课、课件制作、素材收集以及网上交流等多方面服务，为推动现代教育事业的发展提供了有力的支持[①]。

二、常见智慧教育平台的对比与应用

（一）常见智慧教育平台的简介与应用

1. 超星学习通

"超星学习通"是一个具有课堂学习、知识传递和管理功能的智慧教育平台。它具有提醒、评论、签到、下发、上传、作业、批读、统计等功能，可以即时记录整个教学流程和读书活动，并进行教学研究。实现了教学、交流过程全线中的数据记录、分类、应用，能够随时随地关注每个阶段学员的参与状况，并协助教师进行数据统计分析并即时做出教学调整。它可以促进教学内容的相互融通，增进教师间的交流，并能够构成一种全新的逐层递进的教学方法和流程。超星学习通智能化程度极高，而且计算功能强大，对直播课回放时间也没有限制要求，给教师们提供了许多方便。

（1）课前环节

正式进行课堂教育以前，由任课教师们提前教授学生学习通基本功能的应用，包括接收通知、签到、测验、上交作业、评论等操作，以确保学生会使用学习通的基本功能。然后任课教师们利用学习通通知功能公布学生预习任务，把PPT和课堂录像等教学资源发放给学生，学生可以在学习通上按照教师们上传的学习资源开展预习活动。如果在此过程中，发现了问题可以向教师求助，教师可利用学习通的教师任务功能下的交流功能，发布问题，引导同学们展开探讨。这样，教师可以随时对学习者的预习进度进行掌控，并且可以及时地调整教学方法，以改善课堂的教学效率。

（2）课中环节

在授课前使用教学通的签到功能完成签到，可以充分调动学生上课的主观积

① 杨玲. 网络辅助教学平台的选择与对比研究 [J]. 计算机产品与流通，2019（11）：1.

极性，对课堂教学质量的提高也有重要作用。

在课中环节，需要充分发挥教师的引领功能。重点是以诱导和启迪方式，引导学习者自己解决问题，使知识点良好地内化。

学习通的多种功能大大提高了课堂教学的趣味性，教师还可利用学习通中的"选人"功能，要求学员对提问做出正确回答。在课堂教学中，重点处理的是学生从学习通中反映的，通过预习活动所发现的难以自行解决的问题，教师可以采用对学习者进行提问的方式，检测每个学生对学习内容的认识和掌握情况。当每个教学阶段临近完成时，由任课教师通过学习通向每个学生发放任务，以了解学生对此阶段课程的掌握状况，以便更好地组织课堂。

在完成理论课程之后，可以通过小组的模式，仿真地完成职业人生规划与管理方面有关知识点的教学实践，以便于更好地把有关理论知识内化，从而切实帮助学习者了解职业人生规划与管理方面的有关理论知识。

（3）课后环节

学习通功能主要是为了加强教师与学校、教师与学生之间的沟通，在课后仍然能够实现沟通互动，从而提升学生对知识点的了解程度。

课后教学活动主要分为两方面，一方面是通过检测功能来检验学习者课堂的学习效果，另一方面是教师发布相应的课后作业。在课堂结束后，经过检测能够较好地巩固学生所学，从而有效掌握学生的学习效果。单击教学活动的"检测"，学习者即可编写并提交相应的检测题目。由任课教师们在课后公布作业，并规定每个学习者最晚提交作业的日期，以方便教师的教学管理工作。同时任课教师们除了自己批改每个学习者所提交的电子版作业之外，还可以让每个学习者间相互完成匿名批改，从而促进每个学习者对知识点的内化。

超星系统中有单独的针对考试进行设计的子系统，它分别针对教师和学习者进行了不同功能设计。教师登录此系统后，可以组建题库、组卷，进行试卷管理，并进行监考与批阅等操作；在学生端，学习者登录后可以通过考试码和便捷考试两种方式对学校发布的考试卷作答。整体操作十分便捷，与传统的考试方式相比更加智能化，大大地缓解了教师的压力。

2."一平三端"

"一平三端"是由超星集团公司于 2018 年提出，其在不加大校园基础设施投资及教师课堂教学负荷的前提条件下，运用移动网络、虚拟现实、大数据分析、人工智能等新型科技与教育技术开展深度融入，让智能课堂涵盖课堂教学整个过程，并累积完善课堂教学信息，助力进一步提高课堂教学质量、强化课堂教学、改善课堂教学管理工作、推进课堂教学改革的目标。"一平三端"智能信息化学校教育管理系统，涵盖了学前、课中、课后的小学日常素质教育整个过程，融入了课堂教学端、移动端、管理终端等各种现代化素质教育应用技术手段，将上课前准备工作和学员预习、课中教学活动与学生实践作业、课后复习考试与教师课堂学习评价等全部的教育流程融会打通，完成了对"线上＋线下"课堂教学全流程的瞬时采集、云端数据分析数据处理和适时成果传递，推动教师课堂模式和课堂开展形态的转变，助力打造"互联网＋"时代下全新的教育生态系统。

"一平三端"中的"平"指的是泛雅学习平台，"三端"又分为课堂端、移动终端和管理端（图3-2-1），超星运用了最前沿的手段使教育学习平台和终端用户互相联系，实现资源共享，最后实现了教育立体化。

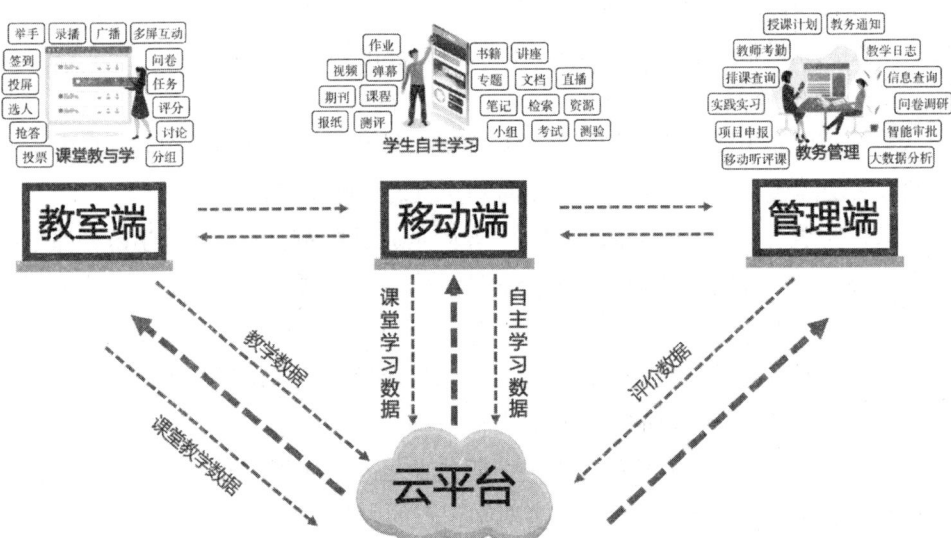

图 3-2-1 "一平三端"功能架构

（1）泛雅平台

泛雅平台是以泛在课程和混合式课堂为核心思想的新型网上课程平台，它将慕课及精品课程构建、课堂交流、资源管理、课程结果呈现、教学管理评价集合成为一身，为学习者创造了一种跨时段、跨区域的互动式交流平台，能够随时感受新一代网上课程所提供的快捷与方便。

泛雅平台在智能课堂教学中的主要功能就相当于人的脑子，它能够轻松保存大量的教育资源，包含了PPT、课后作业、MOOC、录像、文件等资源，和传统教学资料的保存方式相比更加安全、便捷、稳定。我们还能够利用云端头脑发送并传达教育消息，利用其中枢纽带，使学校设施能够进行信息接收。不仅如此，云端头脑还提供支持接入多种终端设备，这样便使学校硬件设备越来越简化，使智能教育成真。

泛雅平台基于最前沿的设计思想，使之具有简便易于使用的普适性优点，并针对不同客户群体打造了各种功能，且已实现各种功能。特别是针对教师，其海量的网络资源和各种互联网教学模式，可帮助教师冲破网络资源瓶颈并构建高质量的教学资源；针对校长，其自助式的教学环境建设工具及教学数据分析等功能，可以帮助校长实现课堂数字化，将数据资料永久性保留；而针对学习者，其强大的学习过程管理系统和优质服务等功能，则可以构建学习者生态系统，打造自助学习者的生态环保生活。正是由于这种优势所在，导致了它在互联网教学与发展的道路上，相比于其他平台占据了领先地位。泛雅平台目前还在继续更新改造，如今正式更新至泛雅 5.0（人工智能＋大数据），并增加了人脸识别功能，主要应用于学生的学习培训和考核等场合，同时具有防止舞弊功用，并加大了对学员的监管力度，以有效提升学生学习效果，并提高了教学成果真实性。

（2）教室端

"一平三端"中的教室端智能课堂教学系统，彻底改变了传统课堂的教学模式，并且涵盖了各种课堂模型。

教师可以利用教室端的投屏功能，将一系列如签到、答题等与课堂有关的互动，或者是学习资源，通过上传功能使其在大屏幕上展示给学习者群体进行观看，不仅能够轻松完成教师与学习者之间的互动，与课堂有关的教学活动也将变得更加轻松、便捷，同时还可以与泛雅平台进行全面互动，实现教师线上教学与资源的即时调用。从而让课堂教学充满智慧，积极推动了课堂教学创新。

（3）移动端

"一平三端"中的移动终端，主要使用的是前面介绍过的超星学习通，它可以单独使用也可以作为"一平三端"的一部分使用。它在"一平三端"中相当于智慧教育系统的突触，和泛雅平台云端大脑中的各种数据信息资源结合，向学习者下发命令，并以此进行交互式教育。

超星学习通包括六个核心子系统："移动课堂教学交互管理系统""移动修学分系统""移动阅读系统""移动公开教学""移动教务管理系统""移动社区管理系统"，利用这些功能就可完整地涵盖学校课前、课中、课后和课外的整个教学流程[①]。

（4）管理端

智慧教务作为教育管理端，主要包括以下三个环节：教育大数据分析、评教评学、管理应用。重点任务是，利用教育大数据分析平台、教育质量监测平台、评价系统的构建和教育大数据挖掘与分析等技术，开展教育大数据分析应用，进而完成教育业务管理、政策咨询服务、教学管理等功能。

在教育大数据分析环节中，通过高效地集成教育过程中所形成的过程性数据，形成教育大数据中心，并采用大数据清洗机制，经深度数据分析，再发掘有效数据分析，最后实现大数据分析可视化。因此，可以利用大数据分析对教育过程中学生的学习情况等教育教学细节进行把控。在评教评学环节，其功能特点主要是具有一个学生自主创建的自定义评分系统，通过不断完善指标库模块，与传统教学流程相结合，实现学生移动评课，教师随堂评教，从而实现了网络时代下更高效、简单的评教要求；在管理与应用环节方面，它拥有超强的移动端功能性，管理人员通过应用系统，即可实现移动办公、随时办公、即时办公，并通过与教育大数据分析的连接，可以随时随地查询学生数据，从而实现教学规划、课堂日志等的管理，教学更加实时快捷。

3. 雨课堂

雨课堂是由清华大学与清华旗下在线教育品牌学堂网络联合打造的智能教育工具，是教育部在线教育科学研究中心的重要成果。通过连接教师的智能端口，雨教室给学前—班中—课后的每一环节都带来了崭新的面貌，便捷地完成了大数据分析时代的智慧教育，包括与教师多元信息交流、课堂教学的全生命周期数据分析等。

微信近几年成为人们沟通的主要工具，基本上每个使用手机、Pad 等移动工具的人都在使用微信。雨课堂利用微信即可进行操作而无需再去下载单独的APP，在微信上可以搜索到雨课堂公众号和小程序，借助微信平台，教师既可以用移动设备进行操作也可以通过电脑端登录进行操作，可操作的范围有上课、发布作业、对作业进行批改等。而从学习者的角度来看，同样可以通过微信平台就能够进行学习，如看到任课教师发布的教学视频、文档资源及作业等，无论是在软件兼容性、便捷性上，还是对于课程方面操作的便捷性上，都进行了周到的考虑，充分提升了使用者的愉悦感。

---

① 王立霞. 基于一平三端智慧课堂背景下应用写作课程混合式教学研究 [J].2020，（32）：307.

雨课堂也为线下操作进行了设计，在实际课堂中，学生可以直接通过扫描二维码的方式进行课程的签到，省去了教师点名查勤的烦恼，节约了课堂时间。教师还可以直接使用手机对PPT的展示进行操控，极大地减少了操作步骤。除此之外，教师也可以通过手机设定题目，通过教学设备展示出来，让学生进行课堂交流，还可以通过设置让学习者通过发送弹幕或投稿等方式进行交流。

雨课堂还可以提供语音和视频的直播功能，虽然目前来说因为处理器的原因，当在线人数过多时，会对课程质量产生一些影响，但是也可以通过错峰上课的方式来避免这一问题。

4.“云班课”

“云班课”由北京智启蓝墨信息技术有限公司开发，于2014年上线，在我国范围内属于较为早期的一类智慧教育教学平台。与雨课堂借助于微信平台进行操作不同，使用“云班课”平台需要下载APP“云班课”，其功能定义为教学助手。

“云班课”APP的设计更注重教学上的互动性，每个学生都有属于自己的经验值，经验值与学习者的课程成绩挂钩，教师在后台上可以根据学习者的成绩增加或扣除学习者的经验值。因为“经验值”这个名词多与游戏有所关联，所以能够增加学习者学习过程中的乐趣，当经验值不断增加，就能够让学习者产生一种闯关的感觉，并从中获得一定的乐趣。

“云班课”打破了教学场地的限制，可将线下教学与线上教学相结合，让教学方式更具立体化特征，教师可以通过后台上的操作随时将教学资源进行上传共享，并且也可以随时分享其他线上教学资源的链接。除此之外，教师还可以发布各类学习任务。

作为学习者，在登录APP以后，不仅可以查看教师分享的教学视频和教学资源，还可以完成教师发布的学习任务，并且能够参与讨论、组成学习小组、进行投票，或参与大脑风暴等。

“云班课”APP可以借助手机的投屏技术，将内容投射到大屏幕上，教师可以利用这个功能，将学习者的作业投射到大屏上，进行分享和评价，让教师对学生作业内容的反馈更便捷。

（二）常见智慧教育平台的对比

在几种常见的智慧教育教学平台中，雨课堂、云班课及云学堂是知网搜索率较高，且功能较为相近的，因此下面主要以它们为例进行对比分析，具体如表3-2-1所示。

表 3-2-1　不同课程环节智慧学习平台功能的对比

教学环节	教学内容分层	教学设计	雨课堂功能	云班课功能	云学堂功能
课前环节	了解型知识	教师示证	预习课件还原动画语音讲解	布置作业	布置作业熟悉本章微课
	熟知型知识	教师辅导同伴协作	微课或慕课资源	布置讨论	布置作业熟悉本章微课
	永久理解的知识	独立表现	课前资源推送	多种资源分享	布置作业熟悉本章微课
课中环节	了解型知识	教师示证	随堂出题与结果统计	布置作业投屏测试	无
	熟知型知识	教师辅导同伴协作	主观题+思维火花可以分享+弹幕讨论	讨论任务投屏测试、小组作业	无
	永久理解的知识	独立表现	主题观、投稿	头脑风暴、讨论/轻直播	无
课堂气氛与管理			签到、随机选人视频语音直播可回看全过程数据	趣出勤、摇人回答问题	无
课后环节	了解型知识	教师示证	作业习题	测试	布置作业再次观看本章节微课
	熟知型知识	教师辅导同伴协作	作业习题	布置讨论	布置作业
	永久理解的知识	独立表现	资源推送与作业习题结合+PPT回看	头脑风暴	调用视频及微课资源

三、常见网络辅助教学平台的对比与应用

（一）常见网络辅助教学平台的简介

从现阶段网络辅助教学平台应用情况分析，对以下四种常见的网络辅助教学平台展开讨论：

第一，模块化面向对象的动态学习环境，简称 Moodle。该平台具有显著的兼容性与易用性特征，可以支持多种标准的系统，比如：由我国赛尔公司与美国毕博公司共同开发的 Blackboard 等。与此同时，Moodle 具有优秀的可扩展性，并且属于开源软件中的一种，其应用完全免费。在教学经费相对有限的情况下，建议使用 Moodle。

第二，开放教育资源强有力的软件支持系统，简称 Sakai。Sakai 不单单作为

一个开源课程管理系统存在，其本身具有吸引世界范围内高校的独特性质，不管学校是否拥有庞大的 IT 资源，均可以从 Sakai 中获得需要的解决方案。与 Moodle 相比，Sakai 建立在开源软件架构模式基础上，同时具有更加突出的重量级企业级架构优势，其整体发展潜力优于 Moodle。

第三，中国大学 MOOC（慕课）是国内优质的中文 MOOC 学习平台。该平台主要是由爱课程网与网易云课堂共同打造，包括 985 高校在内提供的千余门课程。中国大学 MOOC（慕课）以在线教学平台解决方案设计、定制化教学平台解决方案，以及课程资源建设解决方案几个部分为主，可以更好地满足用户多种需求。

第四，清华教育在线。清华教育在线是由清华大学教育技术研究所研发，结合网络教育资源库、综合教务管理系统以及数字校园等多方面研究，逐渐形成了清华教育在线辅助教学平台。目前，该平台凭借自身较强的稳定性、安全性以及主流技术优势特征，在国内 160 余所院校中得到广泛应用。此外，清华教育在线平台提供对应的接口程序源代码，以及详细的开发和技术文档，因此大大方便了系统维护与二次开发[①]。

（二）开源软件与商业软件的对比

通常情况下，与开源软件相比，商业软件具有突出的发展稳定性特征，在技术以及服务方面也有着明显的优势。但是在具体的应用中，开源软件也具备不可忽视的先天优势，具体体现在以下几方面：

第一，开源软件的出现与应用，在很大程度上使得商业网络教学系统的垄断力量与价格得到有效的控制，进而促进用户对于网络辅助教学平台的自主选择性随之加大。

第二，开源软件本身具有一定的可扩展性。在国际开源社区中，教育类软件可谓多种多样，开源软件便是来自开源社区，因此直接决定了开源软件有着商业软件无法比拟的优势。通过对多种辅助教学软件的整合，可以为其应用奠定坚实基础。

第三，以 Moodle 为例的开源软件，具有技术先进性优势特征。不管是在教学理念方面，还是在信息技术掌握方面，开源软件均有着显著的先进性特征，有利于实现教育发展与世界接轨，从而推动教育信息化进程。

第四，开源软件本身具有易用性特征。由于开源软件的开发者为全世界开源

① 张戈. MOOC 背景下网络教学平台设计与教学模式改革探究 [J]. 网络安全技术与应用，2018（12）：97−98，106.

爱好者共同实现，这部分人大多出自校园，因此在软件设计方面，会重点考虑与教学之间的适用性。因此，开源软件可以更好地适用于不同计算机水平教师的教学工作，并且充分满足了"教"与"学"双重需求。

（三）网络辅助教学平台的应用

在网络辅助教学平台的选择与应用过程中，要求综合分析数字化教学需求。比如：结合校园门户系统基本要求，切实保证网络辅助教学平台系统可以与数字化校园系统实现有效的结合。Sakai 与 Moodle 等开源软件在网络教学中应用范围的不断扩大，在很大程度上使得教学效率与教学质量得以显著提升。中国大学MOOC 承接教育部国家精品开放课程任务，2014 年上线，向大众提供中国知名高校的 MOOC 课程。完整的在线教学模式支持高等学校在线开放课程建设，实现学生、社会学者的个性化学习，是一种任何人都能免费注册使用的在线教育模式。随着国内网络学习的兴起，基于中国大学 MOOC 等模式，一系列商业软件和平台涌现，如超星、智慧树等，他们专业的慕课制作团队和优质的服务受到很多院校欢迎。但是从实际来看，对于网络辅助教学平台的选择，需要参考以下原则：第一，在网络辅助教学平台选择时，应该注重平台资源与课程内容两者之间的整合，只有确定系统与资源可以实现兼容，才能保证其应用效果。第二，网络辅助教学平台应用符合国家通用标准，在此基础上，为网络辅助教学平台的标准化应用与发展，提供有力的保障。第三，综合分析校园门户系统需求，网络辅助教学平台的系统身份验证，应该与校园身份认证统一。第四，网络辅助教学平台本身应该具备先进性的组织架构，可以支持系统长期稳定、安全运行。第五，结合实际，尽可能选择开源软件。考虑到开源软件应用免费，可以有效控制应用成本的投入，适合经费紧张的情况下使用。

综上所述，网络辅助教学平台的出现以及在教育教学中的广泛应用，为创新学习型社会提供了必要的资源支持与技术支持。在具体的选择与应用中，为了实现网络辅助教学平台作用价值的最大化，需要综合分析应用现状与教学目标，对比分析几种平台的优劣，从而确定最佳的平台[①]。

---

① 杨玲. 网络辅助教学平台的选择与对比研究 [J]. 计算机产品与流通，2019（11）：1.

第三节 在线开放课程的开发与应用

一、在线开放课程的模式及方案设计

（一）在线开放课程的模式

1. 常见模式

（1）常规慕课

慕课即大型开放式在线课程，这种模式下的在线开放课程，面对的学习者群体相当庞大，且不收取任何费用，完全可以免费观看课程资料，是实现全民教育的一种最佳在线开放课程模式。除了在线的课程外，此种模式还会定期举办各类线上培训活动，让学习者能够扩展学习层面，达到培养社会精英的目的。但是常规慕课并没有获得大规模的发展，其原因主要是免费开放对于课程组织方来说是具有较大的经济压力的，因为面对全社会开放，学习者的数量就十分庞大，而除了发布在线课程视频外，还需要为定期开展的培训配备一定数量的培训助教，所以前期投入很高。也正是因为没有任何费用，所以学习者半途辍学的现象屡见不鲜。多方面原因使这种在线开放课程模式难以继续发展，通常在经历了几次尝试后，多以失败告终。

（2）校内私播课

此种在线开放课程模式属于缩小范围后的慕课，仅在学校范围内开展在线开放课程，组织方通常为高等学校或教育部。校内私播课模式的在线开放课程，包含了以下类型。

①纯粹的线上课程模式

也就是由学习者利用在线开放课程的视频教学资源自主进行学习，在完成学习后，结合在线课程中教师发布的任务，完成与课程有关的习题训练或考核，通过教师评价后，就可以拿到相应的学分。这种模式下的在线开放课程，同时参与课程学习的学习者可能会达到几百人，所以，为了便于管理，学校通常需要安排一些教师对学习者进行分组，以便于管理。除了纯线上上课的方式外，有的时候也会通过线下举行交流和互动活动，来巩固学习效果。对于考察成绩的考试，则可以自行选择参考方式，可以在线上参加也可以在线下参加。从整体环节来看，此种在线开放课程模式还停留在较浅的层面上，学习者的学习活动完全靠自主，如果没有强大的自律习惯，则无法充分保证教学的品质。

②翻转课堂模式

这是一种线上和线下结合教学的在线开放课程模式。在这种模式下，学习者在参加线上课程学习的同时，还需要参加与教师面对面的线下教学活动，也就是说，这种学习模式能够将在线学习和课堂互动学习紧密结合在一起。与纯粹线上课程的浅层面不同，翻转课堂模式可以达成深度的学习目标。参与的学习者数量，通常在几十人至百余人之间，对于学习成果的测评，则主要以线下考试为主。在此种在线开放课程模式下进行学习，学习者的学习完成率很高，对课程的监督也较为严格，学习评价的结果可靠性也较高。

（3）商业慕课

商业慕课中的商业，指的就是通过开展慕课的行为获取一定的报酬，直白地说，就是一些教育机构为了达到盈利的目的而开展的慕课。

组织商业慕课的教育机构，所聘请的授课教师主要以具有知名度的名校名师为主，机构会将授课过程拍摄成视频，而后会针对视频内的课程内容附加一些练习题或测试题，之后再经过企业化运营，出售给其他学校进行使用。在学校购买了此类课程视频后，可以选择以纯粹线上课程的方式，或者选择翻转课堂模式，实行混合式教学。

商业慕课从本质上来说，就是校内私播课加上企业化的运营管理。其可供多所学校使用，受众十分广泛，且因为聘请的是名校名师，所以课程内容的品质也有所保证，且对于购买的学校来说，上课方式也具备了相当的灵活性。所以，此种在线开放课程的模式更容易实现慕课的规模化与开放性的目标。

2. 拓展模式

（1）校外私播课

这是校内私播课的扩展模式，在校内私播课的基础上，学校可以选择性地对社会上符合所设条件的学习者开放在线课程，与校内人员不同的是，社会学习者群体需缴纳相应的费用，这样做不仅能够控制学习者的参与数量，且更方便组织方与学习者之间的沟通和监督。同时，还可以提高课程品质并降低辍学率。

（2）企业私播课

这是商业慕课的扩展模式，开展商业慕课的教育机构除了可以向学校出售授课视频和附加资料外，也可以选择性地向社会学习者开放。面向社会学习者开放需选择的条件包括：学习者当前的知识储备量、学历、从事的职业、是否有足够上课时间等，并需要缴纳相应的学费，以便于实现有效控制社会学习者数量，方便沟通和监督，提高课程品质、降低辍学率的目的。

（3）"1+N"课程

"1+N"在线开放课程模式简单来说就是由一位名师进行线上授课，与此同时，有 N 个线下的实体教室内的学习者听讲，且在每个线下教室中都会配备一个辅导教师。"1+N"模式分为同时模式和异步模式两种类型。"1+N"同时模式要求各线下教学在时间安排上与主讲方完全一致；"1+N"异步教学模式则不需要线下教学和主讲方在时间上完全一致，可采用直播过程回放和短过程复制的方法进行异步教学[①]。

（二）在线开放课程的方案设计

1. 学前数据分析

学前数据分析，可以说是在线开放课程建设步骤中最为重要的一步，包括了"教"的部分的数据分析和"学"的部分的数据分析。根据数据分析的结果，能够确定在线开放课程的受众，再根据受众去进行后期的策略设计、资源建设等步骤，具有统领地位，与在线开放课程的成功与否有着直接的关系。对"教"的部分的数据分析，主要涉及了社会需要分析、人才特征分析、现行教育条件分析等多个方面；而对"学"的部分的数据分析则涉学习者学习动机分析、学习兴趣爱好分析、起点水准分析、学业要求分析等[②]。

在开展学前数据分析时，需要特别注意以下两方面的内容。第一个方面是交流方式的区别。在传统课堂教学中，教师与学习者之间采取的是直接面对面的授课方式，所以教师和学习者、学习者和学习同伴之间、学习者和教学资料之间，均没有空间和时间的间隔，一直处于同步状态。而在在线开放课程中，教师与学习者之间、学习者和学习同伴之间、学习者和教学资料之间，处于一种被隔离的状态之下，他们全部需要通过教学视频和信息设备相连接，这些视频和设备也成为他们之间沟通的主要媒介。第二个方面是，在线开放课程的学习，对网络和用户所使用的设备具有极高的依赖性，尤其是用户所使用的如手机、Pad、笔记本电脑等移动设备，设备的型号、价格的差别，可能会给教学过程带来一定的影响。所以，在做学前数据分析时，组织者应全面掌握学习者群体的上网条件、设备水平等状况，并尽量地给学习者开展线上课程的学习提供便利条件。并且，在进行线上课程时，学习者周围通常没有其他人，所以很容易形成孤独感，因此，线上

[①]　王竹立. 在线开放课程：内涵、模式、设计与建设——兼及智能时代在线开放课程建设的思考 [J]. 远程教育杂志，2018，36（4）：10.

[②]　王竹立. 在线开放课程：内涵、模式、设计与建设——兼及智能时代在线开放课程建设的思考 [J]. 远程教育杂志，2018，36（4）：10.

的沟通与互动就显得尤为重要。

2. 策略设计

（1）教学模式选择

教学模式的选择，需要结合实际情况而定。例如，如果在线课程的组织者为学校，那么考虑课程的受众问题；如果仅面对校内学习者开放，就可以选择校内私播课。而具体又可以根据情况确定是采用单纯线上模式，还是线上线下结合的模式。如果课程还想要对社会学习者开放，就需要以校外私播课作为扩展模式。那么，因为同时增加了社会层面上的学习者，所以在具体内容的选择上就需要采用通识性的教学方法，但又不能过分专业化、学务化；相反，对于专业特点较强的课程更适宜选用校内私播课的模式，通过线上线下结合的方式进行授课。

（2）资源建设

在线开放课程的资源包括很多类型，其中最为重要的是所录制的授课视频资料，其他的还包括课件、文字、素材资料等。与传统课堂教学不同，在线开放课程的资源建设，需要结合在线开放课程通过网络授课的特征，对教学资源做出一些改变。而改变的大小需要结合在线开放课程的授课目标和开展形式具体设定。例如，如果是采取的慕课模式，面向的学习者群体为社会人士，就需要充分考虑到大众可以接受的程度，因此，教学内容的改变幅度就需要加大。作为主要资源的授课视频，不能只是将传统课堂上的教学内容原封不动地搬到在线课堂上，而必须对教学内容进行精简，并且讲课方式要尽量直白易懂，努力做到深入浅出、生动活泼。与学生在校上课不同的是，在线开放课程上课并不是强制性的，主要依靠的是学习者自主、自律的学习，并且，不同的学习者所处的学习环境也不同，为了更便于学习者进行学习，每节课的时间不宜过长，以5—15分钟为佳。但如果在线开放课程所面向的学习者的学习环境是有一定约束力的，例如校内私播课模式，或者所讲授的内容是一些结构较严谨、不易拆分的专业性内容，那么，每节视频课的时间可以适当拉长一些，但通常也不能超过25分钟。对于一些较为专业性的教学内容，尽量采取线上线下混合授课方式为宜。

（3）教学活动组织

在在线开放课程的教学中，教学活动的组织会关系到学习者的学习积极性和学习评价等一系列问题，具体包括怎样让学习者完成在线习题训练、如何让学习者选择学习群组以及作业的评改、学习者之间的交互活动等内容，如果在进行线上课程授课的同时，也可以辅助线下教学活动，是最佳的一种组合方式。

除此之外，与线下教学不同的是，在线开放课程的学习者数量要远超于线下教学，所以学习者的管理也变得更加重要，除了任课教师外，还需要根据学习者的总人数，配备适当数量的助教来辅助教学，助教可以是实习教师，也可以由高年级的学生、学习效果较突出的学习者或已经修过某门课的结业学习者兼任。

3. 评价设计

在传统的教学活动中，对学习者的学习进行评价和考核的主要方式是考试，但是，这种方式对在线开放课程来说并不适合。针对在线开放课程的特殊性，可以采取以下几种方式对学习者的学习活动进行评价：

（1）有必要的规范化考核

只面向一些希望拿到认证和学分的学习者，尽量采取线下考核方法完成，并缴纳相应的收费，这样可以大大减少考核人数，保证考核质量。

（2）生成性评价

学习者的作业作品可采取自评与同行互比的方法完成，重要目的是给学习者带来学习回报。未来可参考配合学分银行经验，建立微学分制度。

（3）真实性评价

如果学习者需要上交的文章、著作等，仅面向极少数优质学员完成，则可授予认证及奖金。校内的私播教学与商业慕课教学都可以选择与线下教学相似的评分方法，但最好还是以建立线性评分方法为主①。

在进行具体评价时，可以采用教师与助教评改和学习者与网络学习伙伴互相评价相结合的方式。主要负责授课的教师，可以在助教的辅助下，在开课之前就将对学生进行评价的规则、评价标准及评价示例等拟定出来，在开课后或预开课前发送给学习者，为学习者和网络学习伙伴之间的互动评价打好基础。为了保证评价的公平性，每一个学习者的习题和作业，都可以让多个学习同伴进行评价，并且，每一个学习者也会对其他学习伙伴的习题和作业尽心评价。而作为负责授课的教师和助教，除了对学生的学习做出评价外，还应对学习者与学习伙伴之间的评价加以指导、检查和督促。

对于需要拿到学位认证或学分的学习者来说，在完成全部课程学习后的考试是十分关键的，不论需要参加的是线下考试还是线上考试，都需要证明是由学习者亲自进行，以确保学分与合格证书颁发的权威性。

---

① 王竹立. 在线开放课程：内涵、模式、设计与建设——兼及智能时代在线开放课程建设的思考 [J]. 远程教育杂志，2018，36（4）：10.

二、视频教学资源的开发

随着科技的进步，视频教学资源在教育行业的应用越来越普遍。在线开放课程的主要内容都是承载在视频中的，学习者需要通过视频来获取课程内容，可以说视频教学资源是在线开放课程中十分重要的组成部分。且无论是线上的在线开放课程还是线下的教学，视频资源的利用都是十分重要的，借助视频教学资源来进行教学，既能够提升学科教学效果，又能够促进教学和科技的深度融合。因此，要合理开发视频教学资源，并将其应用到学习者的在线教学和日常教学中，来吸引学习者的学习兴趣，提升教学质量，促进学习者全面发展。

（1）视频教学资源具有艺术性

视频教学资源应当具备界面美观、风格统一、艺术风格与学科内容和学习对象心理相符等特点，能激发学习者学习的兴趣。

（2）视频教学资源具有技术性

能融合时下热点，利用现代教育技术开发适合学习者学习的视频教学资源。如微课、慕课、视频直播讨论等。

①开篇要新颖

由于视频教学资源时间短，所以在设计时要注重切入课题研究的方式、路径，力求创新、快速而且要和问题联系得紧密，以便于将更多的学习时间分配给教学内容上的讲解。

②教学设计短小精悍，线索要鲜明

教学设计中，要尽可能地只有一条线索，在这条线索上突出重点教学内容。在讲解重要内容时需罗列主要论点，并做到由精而简，努力做到论证完整、正确，不要产生新的问题。

③结尾要快捷

在视频教学资源的设计中，小结是必不可少的，它能够梳理和巩固所学内容。因此，小结不在于长而在于精，小节的方法要科学、合理。

三、视频教学资源的应用方法

（一）整合视频教学资源与现实课堂

视频教学资源作为一种精简的教学资源，教师将其引进教学中，需要注重和现实课堂的融合。视频教学资源在现实课堂中担任着教学内容导入、情境创设、操作界面的演示等工作。同时教师应用视频教学资源的时候，需要合理设计，主要是针对学习者的学习情况、课堂教学内容等，并以此为基础，针对学习资源来填补、完善课堂教学的不足。通过这样的教学方法整合，可以进一步融合视频教学资源和教学课堂。比如教师在课堂教学结束后，可以向学习者提问，有哪些知识点不清楚或者需要巩固。当收集学习者的意见后，教师可以将课堂的重点内容和疑问内容做成视频教学资源，然后上传到班级的群、学校官网或者专业的习题解答网站上，来让学习者在课后观看视频，巩固知识。这样一来，学习者就能够重复记忆课堂知识，进而解决疑惑[①]。

（二）开通视频教学资源服务渠道

视频教学资源应该作为单独的一门课程出现在学习者的学习中，以便形成系统性的学习。因此，视频教学资源服务就不可或缺。教师要设置辅助工具、渠道、知识练习、测试等多种辅助性资源。同时，视频教学资源还承担着线上服务的职能，需要为学习者提供学习途径，来避免相关的内容分散导致学习者无法形成一个知识系统。为此，教师可以新建一个班级群，并建立一个文件夹"学习视频资源文件夹"，用来存放所有学科的视频教学资源。视频需要进行编号排列。这样一来，学生不仅能够借助视频回顾近期的教学内容，还能够进行复习或者预习。

（三）帮助学习者养成移动学习的习惯

在移动互联网不断发展的背景下，如今，几乎每个学习者都拥有手机，高校要借助移动手机的便利性，来提升视频教学资源的使用率。高校可以搭建学校的APP，并引导学习者进行下载，APP中要设置教学模块，用来存放不同的视频教学资源等内容，并开放教师的权限，教师能够删除并上传视频教学资源，而学习者通过手机端就可以观看视频，来打破教学的时间和空间限制。此外，学校构建的 APP 需要进行局域网或者内部联网。这样一来，学习者不花费流量就能够随时随地观看教学视频[②]。

综上所述，视频教学资源在高校教学中具有重要作用。在此基础上，教师可以新建一个班级群，并建立一个文件夹"学习视频资源文件夹"，用来存放所有学科的视频教学资源；同时，教师可以将课堂的重点内容做成视频教学资源，然

---

① 肖丹凤，魏零．"互联网+"背景下大学计算机基础课程教学模式探索 [J]．广西教育，2017（47）：153-154.
② 韦晓军．"微系列"教学背景下视频教学资源的设计与应用——以高职实用语文课程为例 [J]．广西教育，2017（35）：81-82，117.

后上传到班级的群、学校的官网上，学习者可以在课后观看视频，巩固知识。所以说，高校在教学中借助视频教学资源，能够提升教学效果[①]。

四、在线开放课程的建设流程

在传统课堂上，教师是教学活动的主体，他们负责向学习者传授知识，但是这通常是单方面的灌输，这种方式对于学习者来说全程都是被动式的，整个过程都以单项传输为主，缺乏交互性，很容易让学习者因为感觉枯燥乏味而失去学习的兴趣。但是在线开放课程则不同，其具有时间短、内容简练、语言具有趣味性等特点。因此，为了调动起学习者的积极性，在线课程建设应以学习者本身为中心。

在在线开放课程建设伊始，组建人员就需要对课程中所涉及的知识架构的逻辑性、课程内容的趣味性、语句表述的生动性、交互环节的生活性等关键问题做全面性的考虑。

具体来说，在线开放课程的建设，包含了以下六个流程。

（一）组建团队

在线开放课程的外在表现核心通常是授课视频，所以这方面的团队建设是比较重要的，是首先需要考虑的问题，而实际上，这支团队内包含的人员不仅仅是参与视频拍摄的教师，还包括了负责课程的设计、拍摄脚本设计及制作、其他资源制作等多种工作的人员。其次，课程的教授需要有教材作为依托，所以，建设在线开放课程的团队之中还应该有负责编写课程教材的团队。根据课程的规模，具体确定参与人数即可，负责两方面事务的团队人员，可以不是独立的，有能力者可以负责多项事务。总的来说，在线开放课程的团队中通常需要有教学主持人、教学经验丰富的教师、熟悉一定信息化教育技术手段的教师等[②]。

（二）编写大纲

在线开放课程的大纲，通常从划分模块开始，而后依照单元、知识点、概念点的顺序依次向下进行。

---

① 杨玲. 视频教学资源在高专院校教学中的开发与应用研究 [J]. 课程教育研究，2018（28）：26-27.
② 马玉珍. 在线开放课程建设的一般步骤 [J]. 现代职业教育，2021（23）：180-181.

（三）确定资源

1. 整体资源

整体资源指的是与课程整体建设相关的资源，通常包含了以下内容：课程封面、课程介绍、课程标准、课程大纲、课程考核方式等。封面作为课程的"门面"要显示出课程名称等信息，需要具有直观性，所以用图片更合适；课程介绍可以结合在线开放课程的特点，如果能够用简单的文字表述清楚，则可以使用文本，如果用语言表述更适合，则可以选择使用视频资源，其存在的主要目的是为了让学习者以最短的时间对课程的教学结构、教学内容、教学进度、学习目标以及教学任务与考核要求等有所了解。其余的几项资源通常更适合用简短且准确的文字去表述。

2. 细节资源

确定了整体资源后，就需要进入更细节的下一层级资源的确定阶段，也就是模块下的单元层级。这一层级的资源通常包括了以下内容：单元介绍、单元测试题、单元作业等。单元介绍与课程介绍的作用类似，资源的选择方式也基本相同；而单元测试题和单元作业需要能够让学习者直观地看到，才能够完成布置的内容，所以一般采用文本形式。

3. 素材资源

前面两个资源建设流程所确定的范围是课程各层级的框架，而最为重要的是素材资源的确定，这也是在线开放课程建设的核心。这一层级的资源通常包含以下内容：课程教学设计脚本、微课程（5—8 分钟）、教学课件（PPT）、在线自测题、拓展阅读资料等。

在传统课堂教学中，教师授课需要提前备课，而在在线开放课程中，此步骤则改为了教学脚本的编写。教学脚本的设计与线下教学的备课有很大的区别，在线下教学中，教师是较具有权威性的，并且要体现出专业性，所以备课所用的表述方式需要注重专业性，并且无需面面俱到，有一个框架即可，但是，因为在线开放课程的视频时间较短，且需要调动学习者的积极性，所以授课时所用的语言应与生活接近，采用口语化、日常化的表述方式更容易让学习者产生认同感，也能够提高上课的积极性。但是，虽然表述能够采用口语化的方式，所讲述的内容却应该带有一定的专业性，应该逻辑严谨，层次递进，语句精炼，尤其注意不要产生语句上的重复，整个过程也必须流畅、流利。直白地说，就是用更接近生活化的表述方式来讲授专业性的知识，让人在感觉轻松的同时，还能够感受到教师所传授内容的专业性。微课程教学设计脚本包含解说词、拟穿插素材的使用说明、想要呈现的媒体效果等。脚本创作上则注重于投入适当的幽默元素，以充分调动学生学习的积极性。

在素材资源确定环节，最为重要的是课程教学脚本的设计，也就是需要详细地描述在十几分钟内的课程需要如何进行展开。需要注意的是，虽然在线开放课程与线下课程的呈现方式不一样，但所有课程的目的都是为了传授知识，所以，即使视频资源在制作时，能够运用的技术非常多样化，但也不要因为一味追求用技术使用各类特效增强效果，而忽略了课程本身的内容。

另外，教学课件（PPT）或讲义对教师线上展开教学和学生自学也是非常重要的，在设计时要注意结合学科特点和专业特色，避免枯燥的传统课堂搬家[①]。

与线下教学教师主导测评不同的是，在线开放课程的学习评价大部分需要依靠学习者自己进行，所以对于不同类型的课程，测试题的设置也应有所区别。总体上可以从文理两个科目方向上进行区分，比如，对于理工类的在线课程，更注重逻辑性的分析，所以测评题目的类型就可以丰富一些，从多个方位对学习者的学习进行检测，通常来说可以包含选择题、判断题、计算题、应用题等；而对于文科类的在线课程，更注重的是对于文字的逻辑性表达，所以测评题目的类型就可以少一些，如填空题、分析解答题等就比较合适。与强硬性的在校学习不同，在线开放课程的学习者自由性较高，所以有可能会出现辍学的情况，因此，在设计测评题目时，要对学生群体的特征进行充分考虑，不宜设置过难的题目，以免打消学习者学习的积极性。除此之外，题目的数量也不建议过多，结合每节课的课程时间，合理地安排测试题目即可。

最后是拓展阅读资料的确定，与在线自测题相同，同样建议结合所开展的在线开放课程的学科特点来选择。比如理工科的课程，比较注重的是大量练习，所以课堂上主要讲解的就是基础性的知识点，而这些知识点是精简化的，所以每个知识点都可以进行继续的深挖，这就需要大量扩展阅读资料的辅助，可以选择相关史事、典故或名家介绍等。而这些扩展资料的提供，同时也能够反映出建设团队中教师的课程理念和教学的水平，增强学习者的信服度。结合这些扩展资料，学习者在视频课程的学习之外，能够充分从自身特点出发，展开扩展性的自主学习，因此及时更新与补充材料也十分重要，这些都需要教师团队充分发挥集体的智慧。

---

① 马玉珍. 在线开放课程建设的一般步骤 [J]. 现代职业教育，2021（23）：180-181.

（四）制作样课

在课程资源全部确定完成后，就可以开始制作一节课程的样课。样课的制作依据所设计的教学脚本进行，在课程的视频中，除了可以安排教师的实操 PPT 录屏、教师实人讲解外，还可以穿插一些图片和动画类型的素材，提升课程的趣味性和可视性。如有必要，应设计贴近生产、生活实际的教学导入情节，以激发学习者学习的积极性[①]。

在录制样课时，要注意授课情感的饱满，讲究语调、语速与节奏。针对重点内容可以加重语气或放慢速度并配以相应材料呈现。幽默的授课语言绝对可以让聆听的学习者兴趣倍增[②]。

（五）批量设计教学脚本和课程视频

如果制作的样课效果是能够让团队满意的，就可以开始批量地设计教学脚本，并根据所设计的脚本制作剩余的课程视频。在此过程中，团队成员要对效果做到及时的把控，例如每一个脚本设计出来后，都需要进行严格的审核，此步骤建议让有经验的教师来负责审核，他们对于教学方面的经验较足，能够及时地发现不足之处，团队可以根据他们给出的意见，迅速进行修改，脚本确定后，视频录制只要依据脚本进行即可，难度会降低很多。

（六）其余碎片资源的制作

在与微课程相关的核心资源建设完成后，可以同步建设教学课件、在线自测、拓展阅读等资源。所有的资源建设完成后，在课程核心框架下搭建的资源整齐了，可以支撑一门在线开放课程的开展[③]。

五、智慧学习环境下高校在线开放课程的建设路径

在智慧学习环境之下，学习活动的开展对学习者本身的自主性和自律性要求较高，所以从这个特征来看，其更适合高校的学习者群体。目前，很多高校都引进了智慧教育教学平台，用于教学的辅助，在这种情况下，在线开放课程的建设对包括了职业教育、本科教育的高校来说，就变得非常重要。之所以这样说是因为，在智慧学习环境下，在线开放课程可以看作智慧教育的重要组成部分之一，

---

① 马玉珍. 在线开放课程建设的一般步骤 [J]. 现代职业教育，2021（23）：180-181.
② 黄振东. "汉字书写"在线开放课程建设与教学探析 [J]. 湖北文理学院学报，2021，42（01）：81-84.
③ 马玉珍. 在线开放课程建设的一般步骤 [J]. 现代职业教育，2021（23）：180-181.

用于高校智慧教育的在线开放课程，制作方主要是校方和授课教师。在课程视频制作完成后，校方或教师可以将视频资源上传至存在于互联网上的智慧教育教学平台上，而后，教师在授课时就可以通过如手机、Pad、笔记本电脑等移动终端或学校提供的台式电脑的客户端，通过下载或直接播放的方式使用智慧教育教学平台上的教学资源。综上所述，从智慧教育角度来说，在线开放课程的建设对于当前的高校来说是十分重要的。需要校方、教师、智慧教育教学平台等多方面共同的参与。其具体建设路径如下。

（一）完善校园基础建设并制定技术保障措施

对于各高校来说，从智慧教育和智慧学习的角度来说，建设在线课程是一个工作量相当庞大的事情，所以从学校本身的角度来看，基础建设方面必须具有一定的完善性，其主要包含了以下四个方面的内容。

1. 完善信息化环境

校内的信息化环境建设包含了互联网设施、计算机房、视频录播室等。首先是互联网设施的建设，此方面建设完善后，可以保证网络的速度即稳定性，保证教师和学习者群体能够正常地使用智慧教育教学平台，保证授课的流畅性，提升学习者群体学习的积极性。其次是计算机房的建设，虽然很多学习者会自备移动学习设备，但是可以免费向学习者群体开放的计算机房，对于部分经济条件较弱的学习者来说，是有存在的必要的，其存在能够保证整个学习者群体学习活动顺利、有效地进行，使学校有完善的硬件条件实现线上教学和学习。再次，是视频录播室的建设，其可以为教师录制在线课程的视频提供良好的硬件条件和优美的环境，能够提升视频的品质，给人以良好的观感，有利于学习者沉浸感的增加。

2. 完善监管与评估机制

校方可以作为组织者，组建由专家和在教学方面具有丰富经验的教师组成的团队，由团队牵头完善在线视频课程教材建设的步骤，并制定一定的用于评估的规章制度，在编写教材的过程中实施严厉的监管，对教材编写工作的科学性、规范化、完整性等实施评估，以保证在线开放课程所使用的教材是专业的、规范的且科学的。

3. 完善教学管理体系

在线开放课程教学管理体系的建设，包括了教师课堂的规范性考核、对学习者线上学习成果（签到情况、考试成绩等）的考评等。除此之外，还有研究人员指出，教师在在线开放课程教学中的参与度，也会对学习者学习的投入程度形成重要影响，所以，从教师的角度来看，应让学习者感受到教师的积极参与，在具体过程中，可以充分运用智慧教育教学平台中提供的多种教学功能，即时精确地监测学习者的学习状况，并及时准确地反馈给学习者，同时帮助学习者解决在学习过程中出现的问题。

4. 完善培训制度

无论是在传统的教学活动中，还是在智慧教育过程中，教师对学习者都具有引领作用，教师本身的水平决定着其看问题的角度是否足够宽广，所以不断提升教师的教学水平和本身的学识对于高校教育来说是非常重要的。

针对教师队伍的这种特点，除了教师发挥自主性，多参加线下及线上能够提升教学水平和扩展自身知识面的相关课程，或者通过阅读书籍、资料等方式提升素养外，作为校方，可通过聘请各领域的专家举办座谈会、沙龙的形式对教师进行培训。还可以组织校内外优质的教师开展课程分享自身经验。另外，对于教师队伍的建设，可以实行以老带新、团队协作等方式，从多方面提高教师的教学水平和对信息技术的应用水平。

对于学习者来说，可能会存在不理解在线开放课程开展意义的现象，所以在新的学习者进入校门后，校方可通过培训讲座、班会等多种形式，向学习者群体传达在线教学的重要意义，并指导学习者迅速适应线下线上混合式的教学方式，掌握智慧教育教学平台的使用方式，培养其自主学习的意识，帮助其拥有自主学习的能力。

（二）将"以学习者为中心"作为课程设计的主要策略

校内在线开放课程的设计，对于智慧教育和智慧学习的质量来说，都会产生重要的影响。具体来说，在线开放课程的设计包括的内容有教学目标、教学内容、课程实施和绩效评估设计等方面，在整个课程设计的过程中，应将"以学习者为中心"作为指导思想。

首先是教学目标的设定。教学目标的设定应该以培育技术技能型人才为总体目标，同时需要学习者拥有过硬的实操经验，并且拥有能利用有关基础知识举一反三的能力，以此来培养学习者的创造能力和创新能力。

其次是教学内容的设计。结合教学目标及高校学习者群体的特点，教学内容建议选取实践性强、难易适度的类型，并且由浅入深分层进行。在设计教学内容时，可以结合不同的教学活动任务，分别设定难点和重点，内容结构上可以紧凑丰富，并从不易掌握、抽象复杂的教学内容中设计相应教学案例。而后根据所设计的教学任务的内容，再设计课程视频的脚本，以通俗易懂、语句简单为出发点。视频的时长可以定为 8—15 分钟左右，为了提升学习者观赏的兴趣，尽量保证视频画面精美、内容充实。除了在线开放课程主体的视频外，还需要设计制作相应的 PPT 课件、测试题等其他类型的教学资源。

再次是课程实施和绩效评估的设计。在此两方面的设计上，可以将学习者的课前、课中、课后内容有机连接在一起。建立多方法、多角度的绩效评估系统，即时动态记录学生的学习情况与学习成效，并指导学生开展自主学习，促进线上自主学习和线下课堂的深度融合。

（三）以学习者的体验感为基准设计智慧教育教学平台

高校在线课程的开展离不开智慧教育教学平台的支持，教师和学习者都需要依靠平台进行一系列的教学活动，所以，平台的设计是否人性化且流程明确，是会影响使用者感受的。以学习者的体验感为基准设计智慧教育教学平台，更有利于高校在线课程的顺利开展。总的来说，智慧教育教学平台的设计包含了以下两方面内容。

一是平台界面设计。智慧教育平台的页面色彩和格调，应当与教学题材和特点相和谐与统一，页面布局结构清晰，主次分明。整洁、大方、漂亮的教学页面颜色可增强人机交互效果，科学合理的教学页面主调色彩与格局则可提升学习者群体认知需求。

二是平台导航设计。通过按照课堂教育规则设定合理易用的平台导航，可增加学习者在平台中自由练习的时间。并按照教育流程排序、课程从易到难、教育资源的整合分类等教学理念对导航加以设定，从而使学习者在过程中不致产生迷航现象。

六、在线开放课程建设实例分析

下面以本人参与建设的《现代教育技术》在线开放课程为例，来分析在线开放课程的建设。《现代教育技术》发布在超星学银在线平台，2020 年被认定为省级精品在线开放课程。

（一）课程简介

《现代教育技术》是师范专业的一门教师教育必修课程，具有师范特色。通过该门课程的学习，能够使学习者形成现代教学观，形成现代教育技术辅助教学思想；了解现代教育技术的基本概念与相关理论，明确师范生需要具备的信息技术能力；了解学校中现代教育技术环境的运用；学会教学设计并制作多媒体课件，将信息技术与课程融合；学会超星等学习平台中辅助教学的常用功能；树立"学高为师、身正为范"理念，提高师范生职业能力和素养，形成自主学习和终身学习的能力。

《现代教育技术》是一门普及度高、应用性广、实用性强的课程。适用所有师范专业学习者，共36学时。本课程是以理论为基础，强调实践性的应用型课程。要求学习者掌握现代教育技术相关的理论知识，再通过师范特色的多媒体课件制作等实践项目，来培养教育部要求的中小学教师教育技术能力。课程主要包括理论模块、实践模块、拓展模块，实施"分层次内容选修""分学科案例选修""分难度作业选修"个别化教学。

目前在线课程建设情况：超星学习在线平台上目前在线课程运行数据为访问量13425103，累计选课人数16661，累计互动次数430434，授课视频总数量257个，视频总时长1315分钟，测验和作业的习题总数1095道，考试题库总数766道，非视频资源总数244个，课程公告总数958次。

（二）课程建设队伍

1. 在线课程队伍建设的要求和技巧

在线开放课程的建设通常需包含数字课程建设团队及教材建设团队这两支主要队伍，分别负责不同的事务，前者通常需要负责课程的整体规划和设计、在线管理、运行与推广以及确定讲课的教师等；后者通常需要负责教材及教学资源的建设、学科课件案例和题库建设等。两支队伍虽然负责的事务不同，但是它们之中的成员可以交叉。

对于数字课程建设团队内的人员，建议倾向于掌握一定信息化教学手段的教师，由1—2位经验丰富的教师带队，队伍内可多选择一些年轻人，年轻人的头脑较为灵活，且对信息化方面的内容更熟悉，在有经验教师的引领和把控下，可以充分地进行头脑风暴，共同完成课程的建设。

而教材建设团队，则更建议选择教学经验丰富的教师，他们在教学方面的经验比年轻人更有优势，能够编写出更符合教学需求的教材，在此队伍中可以适当吸纳1—2位年轻人，做琐碎的整理工作。

2.《现代教育技术》在线开放课程的团队结构

《现代教育技术》在线开放课程的建设队伍包括以下人员。

杨玲（副教授／湖南幼儿师范高等专科学校），长期从事《现代教育技术》教师教育课程和现代教育技术专业课程的教学工作，多次主持市级及校级课题，多次参加国家级及省级课题，参编专著1部、教材4部；论文发表11篇，获奖十余篇，具有丰富的课题建设经验。在本课程中承担的任务：课程整体规划和设计，教学资源建设，学科课件案例和题库建设，课程在线管理、运行与推广，并担任部分课程的主讲。

青辉阳（教授／湖南幼儿师范高等专科学校），省职业院校计算机应用专业带头人，曾主持现代教育技术专业申报、评价、专业规划、人才培养方案修订、教学资源建设等工作。先后主持或参与省级课题研究5项、省级专业或课程项目建设6项，具有丰富的教材编写及教学资源建设工作经验。在本课程中承担的任务：课程整体规划和设计、教学资源建设、课程在线管理、运行和推广，并担任部分课程的主讲。

邵雯（讲师／湖南幼儿师范高等专科学校），长期任教《现代教育技术》《教学系统设计》等课程，参与国家级子课题2项，省级课题1项，市级课题1项，具有较为丰富的教学经验，属于教师队伍中的年轻一代。在本课程中承担的任务：课程视频资源、学科课件案例和题库建设，课程在线管理与运行，并担任部分课程的主讲。

孙巍（副教授／湖南幼儿师范高等专科学校），艺术设计教研室专任教师，擅长界面设计、数字化素材处理和制作。主持国家级子课题1项、省级课题2项；参与国家级课题1项、省级课题5项。在本课程中承担的任务：课程网页界面设计、课件外观设计、视频拍摄和后期处理、学科课件案例建设，课程在线管理、运行与推广，并担任部分课程的主讲。

郑捷（讲师／湖南幼儿师范高等专科学校），主要从事数字化资源开发、教学方法改革方向研究。从事教学管理工作11年，擅长使用信息化手段。在本课程中承担的任务：课程视频资源和学科课件案例建设，课程在线管理、运行和推广，并担任部分课程的主讲。

从以上内容可见，建设队伍成员主要负责的事务包括：课程整体规划和设计；教学资源建设；学科课件案例和题库建设；在线管理、运行与推广；课程网页界面设计、课件外观设计；视频拍摄和后期处理等。本在线开放课程的建设队伍既包含了有丰富经验的教授、副教授，也包含了较为年轻的讲师，且每个人擅长的方向是不一样的，虽然建设人数较少，但涵盖的方向非常全面，每个人都能够负责课程建设的一个重要方面，且建设队伍内的人员是相互交叉的，每个成员除了本身负责的事务外，均负责课程的讲解。

（三）课程大纲建设

1. 模块划分

本在线课程的模块划分主要分为三部分，即理论模块、实践模块和拓展模块，学习者分专业、分不同基础进行个别化学习。

（1）理论模块

理论模块主要学习现代教育技术相关理论知识，包括教育技术概念与发展、基础理论，教师需具备的信息技术能力，现代教育技术环境，教学设计与应用，多媒体课件设计与制作概述等。

（2）实践模块

实践模块主要划分为 PowerPoint 课件制作项目和微课制作项目，联结职业应用，采取"1+X"的选修模式，实现"分层次内容选修""分学科案例选修"的个别化教学。

（3）拓展模块

拓展模块主要自主学习 PowerPoint 部分其他技能应用和在各类实际案例中的综合应用。

2. 内容细分

理论模块、实践模块部分的每个章节，内容总体分为课堂导学、正式课程内容、课堂讨论及章节测试四大部分；拓展模块部分则分为课堂导学和实践操作讲解两大部分（图3-3-1）。

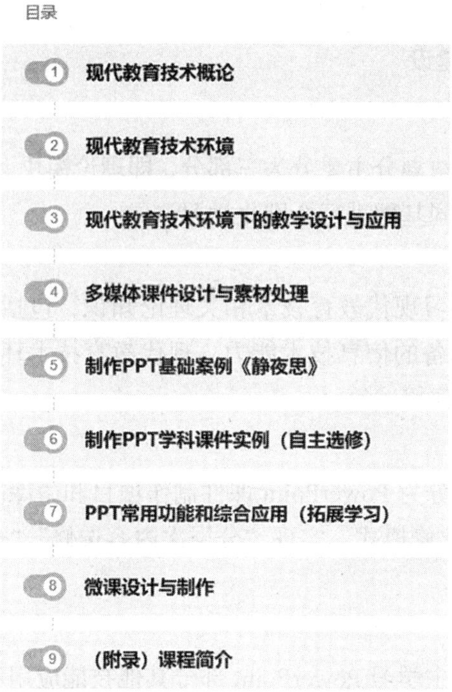

目录

1　现代教育技术概论

2　现代教育技术环境

3　现代教育技术环境下的教学设计与应用

4　多媒体课件设计与素材处理

5　制作PPT基础案例《静夜思》

6　制作PPT学科课件实例（自主选修）

7　PPT常用功能和综合应用（拓展学习）

8　微课设计与制作

9　（附录）课程简介

图 3-3-1　《现代教育技术》课程总体框架

具体包括内容如下。

（1）理论篇

现代教育技术概述：现代教育技术基本概念、现代教育技术理论基础、现代教育技术对教育的影响、现代教育技术发展趋势。

现代教育技术环境：多媒体教室、多媒体网络机房、数字校园网络、虚拟仿真学习环境。

现代教育技术环境下的教学设计与应用：教学设计概述、教学设计的过程、教学设计应用。

多媒体课件设计与制作：多媒体课件概述、多媒体课件设计、素材的获取与处理。

（2）实践篇

基本技能认识 PowerPoint、插入图片、插入文字、插入音频、母版设计与制作、超链接、插入形状、插入 Flash 动画、动画效果、触发器动画、插入表格、文本框控件、插入视频、切换效果、放映设置、打包及发布。

其他学科教学案例及拓展学习（根据专业特色选修学习，技能提高）：嵌入字体、复制粘贴巧运用、图片切割、PPT分节、插件应用、动画叠加等。

根据现代教育技术的发展和当前教学实际应用的需要，学习微课设计与制作，以满足学习者未来工作中的教学需求。

3. 特色构建

（1）融合课程思政

2020年5月，教育部印发《高等学校课程思政建设指导纲要》的通知，更加凸显课程思政，但是信息技术类课程有机融入课程思政是一个难点，本课程将爱国情怀、时事政治、师风师德、职业精神、心理健康、法律法规等与课程知识点巧妙有机融合，助力培养具有爱国情怀和健全人格的学习者。

（2）教学内容联结职业，体现职教师范特色

本课程基于多年的实践，体现本校职教和师范特色，重构教材教学内容，精选小学各学科和幼儿园各领域实际教学案例，让学习者将所学与师范职业挂钩，既有利于提高学习者学习兴趣，也有利于培养师范生的职业素养和技能。

（3）通过"1+X"选修模式，实现个别化教学

基于智慧教育，根据师范专业培养特色，通过"1+X"（课程：1个基础案例加X个选修案例；案例：1个基础任务+X个分层任务。以下简称"1+X"）的个别化教学方式，让学习者按需选修各学科特色案例，实现"分层次内容选修""分学科案例选修""分难度作业选修"的个别化教学，有利于复合型人才培养。

（四）课程资源

1. 封面及其他资源设计

《现代教育技术》在线课程的课程封面为图片形式（图3-3-2），课程介绍、教学目标、学习建议、教学内容覆盖面、课程评价、课程大纲、课程评价等均为文本资源（图3-3-3），能够让学习者迅速了解课程的教学结构、教学内容、教学进度、学习目标以及教学任务与考核要求。

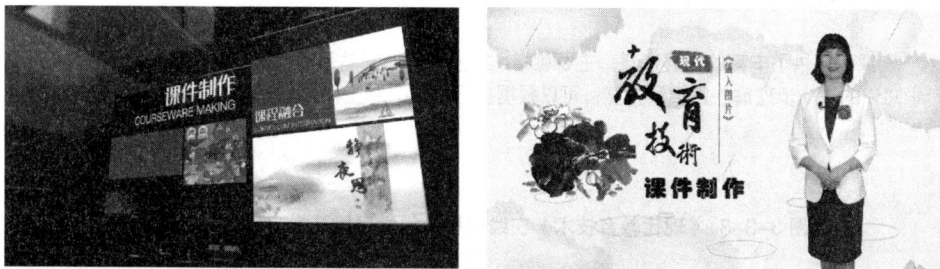

图3-3-2 《现代教育技术》在线课程的课程封面图片

二《现代教育技术》课程学习总体目标

根据高职教育人才培养要求，主要要求学生掌握以下内容：

1.了解现代教育技术基础理论知识；

2.掌握PPT学科教学的制作；

3.提高信息素养和信息技能。

三《现代教育技术》课程学习建议

1.观看视频课程

课程对各教学模块进行讲解，提供了相应的课件和视频课程。学生在线上观看视频课程时，根据学习进度选择对应视频，循序渐进，多动手勤思考，最好带着问题观看，线上学习与线下学习相结合，这样才能更有收获。

2.完成作业

课程包括了随堂测验和单元测验，随堂测验在教学单元中的多个教学视频间，学生可以即学即练，随时考查对教学内容的理解和掌握程度；单元测验在整个教学单元学习之后，考查对学习单元的掌握程度，学生需要在完成相应学习内容后，于规定时间内完成作业。

3.参与在线讨论

每个单元会有安排课堂讨论环节，课前课后，学生都可以在线参与讨论，学生有其他问题也可以在线向教师提出，教师会在线答疑。

4.学习文本拓展资料

课程提供了丰富的拓展资料，主要包括：案例课件、网站等资料。这些资料有助于学生对所学知识的进一步理解、掌握和提高，可以根据自己所学的专业和兴趣进行选择。

图 3-3-3 《现代教育技术》在线课程的教学目标及学习建议文本资源

2. 微课脚本设计

微课的脚本有讲稿式、PPT 式、分镜头式等设计方式，无论哪种形式，均需注意讲稿的内容、所用的语言及逻辑性等方面，且需把握整个课程视频的长度，10 分钟左右是较为适合的。

以《现代教育技术》中《PPT 动画效果》一课的微课脚本为例（表 3-3-1），此脚本为分镜头式脚本，包含了知识点、学习目标层次、分镜画面、讲解词及时长等内容。共有八个部分，分别是：片头、情境导入、教学目标分析、案例分部教学——进入动画、案例分部教学——强调动画、案例分部教学——动作路径动画、案例分部教学——退出动画及结课等。

表 3-3-1 《PPT 动画效果》微课程详细脚本设计表

编号	知识点	学习目标层次	分镜画面	讲解词	时长秒 S
1	片头	知道		今天我们以《龟兔赛跑》小动画片的制作为例，学习 PPT 演示文稿动画效果的应用	16s

编号	知识点	学习目标层次	分镜画面	讲解词	时长秒 S
2	情境导入	理解		我们先来看一个 PPT 小动画片　　有一天，天气很好，在一片绿油油的草地上，乌龟和兔子相约进行一场赛跑，终点为山那边的房子处。比赛开始后，兔子一会儿就翻过一座山，于是，它决定躺在一棵大树下先睡会儿。睡梦中，它已经得到了胜利的奖杯。而乌龟一刻不停地继续往前爬，最终顺利地先到达终点，赢得了比赛。兔子垂头丧气地溜走了	44s
3	教学目标分析	理解		这个《龟兔赛跑》的小动画片主要应用了 PPT 动画的四种效果——进入动画（如草地、树木、房子、路牌等）、强调动画（如兔子梦中的奖杯）、路径动画（如乌龟的运动路径）、退出动画（如兔子和奖杯）	30s

续表

编号	知识点	学习目标层次	分镜画面	讲解词	时长秒S
4	案例分步教学——进入动画	掌握		如何根据故事的配音，制作一个《龟兔赛跑》的小动画片呢 下面我们先来了解第一类动画效果——进入动画 以《龟兔赛跑》PPT为例，为幻灯片中各个对象（草地、小路、树木、房子、彩虹、路牌等）添加进入效果 举一反三 相同的对象可以选中一起添加（如树木），先后以相同方式出现的房子可以使用动画刷命令 调整进入动画的开始方式、顺序和时长等属性	3'20s
5	案例分步教学——强调动画	掌握		接下来，我们学习强调动画 为兔子和梦中的奖杯添加强调效果——放大和缩小，形成做梦的情景。调整"重复方式"属性为"直到幻灯片末尾"	1'55s

续表

编号	知识点	学习目标层次	分镜画面	讲解词	时长秒S
6	案例分步教学——动作路径动画	掌握		接下来，我们看看动作路径动画 此例中的乌龟该登场了 设置乌龟沿着小路慢慢地爬到终点牌。根据配音的长度调整乌龟的开始方式、期间等属性	1' 15s
7	案例分步教学——退出动画	掌握		退出动画是设置幻灯片对象的退出效果，与进入动画相反 此例中兔子灰溜溜地溜走了，便是应用的退出动画	40s

续表

编号	知识点	学习目标层次	分镜画面	讲解词	时长秒 S
8	结课	理解		这节课我们主要学习了PPT动画效果的四种动画——进入动画、强调动画、退出动画和动作路径动画。包括各种属性的设置 在我们的日常学习和生活中，很多地方都需要运用到PPT的动画效果，它可以为PPT增色，尽情发挥你的想象力和创造力吧 谢谢！	40s

3. 分镜头拍摄脚本

分镜头拍摄脚本的设计大多借鉴了电影剧本镜头的写法，由镜头号、拍摄机运动、场景、时间的长度、镜头画面内容、音乐、人声等构成，一般采取图表的形式，把这些具体内容分项填写。而微课的视频画面与声音则代表着教材的一个主题，是评判一部微课程教材做得是否得当的重要标准。对微课程教学活动视频镜头画面的合理组接和构成，能够直接影响学习者群体的关注率。所以在对微课程教学活动设计之前，就很有必要做好部分录像摄像头脚本的设计，因为这样不仅可以使微课程教学达到它的最终功效，同时还能够提升微课程教学设计的总体效率与水平，从而基本规范了微课堂教学内容制定的整个过程。

分镜头脚本的制作可以提高微课教材设计制作的整体连贯性，为整个微课教材的产品设计与制作提供了一个整体的蓝图样本。而如果不能做好对分镜头脚本的设计工作，那么整个微课教学内容的整体结构将变得十分零碎，失去了可读性，并且最后也将无法给学习者留有深刻的印记。所以，对分镜头脚本的设计工作而言，这实际上是丰富微课教学内容的一个很重要步骤，因为只有在前期的筹备工作中不断丰富微课教学内容的实际内涵，而最后所实现出来的微课教学内容设计才能够呈现出特色的一面。

以下为《现代教育技术》在线开放课程 1-1《现代教育技术概论》一课的分镜头拍摄脚本（表 3-3-2）。总体分为讲稿部分和画面设计要求两大部分。具体内容如下。

表 3-3-2 《现代教育技术概论》分镜头拍摄脚本设计表

课程名称：现代教育技术　　　　　　　主讲教师：杨玲

场次 ★	讲稿部分	画面设计要求				
	【知识点名称】 1 现代教育技术概论	出镜	ppt	录音	视频素材	其他要求 ★
1	同学们，大家好！欢迎来到我的微课堂 信息技术的飞速发展，深刻地影响着教育的发展，对教育提出了新的要求。随着现代教育技术在教育教学中的广泛应用，学校的教育教学发生了深刻的变革，现代教育技术已经成了教师、学习者、课程等传统教学过程基本要素之外的必不可少的新要素。作为未来的教师，掌握现代教育技术的基本理论、策略方法和技能应用必然成为其职业素质的重要要求 请跟随我一起走进"现代教育技术"	出镜 1	PPT 1	同期声	高科技的视频素材，如智慧校园、智慧教室；大数据、人工智能等辅助教学	红字部分搭配 PPT 内容出现 教师、学习者、课程＋现代教育技术 教师做走出动作，然后进入到下一个画面（节之间都运用这种手法）

场次 ★	讲稿部分	画面设计要求				
	【知识点名称】 1 现代教育技术概论	出镜	ppt	录音	视频素材	其他要求 ★
2	首先，我们来学习什么是教育技术 一、教育技术的定义 1970 年美国教育传播与技术协会成立，简称 AECT 迄今为止，AECT 已多次发布了定义。每一次界定都对教育技术领域产生了重要的影响，推动了教育技术学的理论发展。其中 AECT94 定义与我国特色电化教育思想碰撞交融，成为指导我国教育技术领域发展的重要理论基础 94 定义主要涵盖了一个目的——为了促进学习，两个对象——学习过程、学习资源，五大范畴——设计、开发、利用、管理和评价，两大领域——理论和实践 该定义改变了以往"教学过程"的提法，体现了现代教学观念从以教为中心转向以学为中心，从传授知识转向发展学习者学习能力的重大转变	出镜 2	PPT 2 制作视频 PPT 3			红字部分搭配 PPT 内容出现 "1963、1970、1972、1977、1994、2005、2017" 7 个年份数字依次从放大的状态到屏幕上慢慢缩小，教师手移动到 1994 上 时，1994 放大，到出现 1994 定义，再讲解 教师念红色的字，括号中的字强调出现 讲完 05 定义退回到前面年份动画的页面

续表

场次 ★	讲稿部分	画面设计要求				
	【知识点名称】 1 现代教育技术概论	出镜	ppt	录音	视频素材	其他要求 ★
3	随着时间的推移，教育和技术都在不断发展，教育技术也需要新的定义来适应它的发展以及给它有力的指导，2005年美国教育技术协会发布了AECT05定义 该定义的主要贡献是使教育技术的研究范围由教学领域扩展到企业绩效领域；首次明确提出实践应符合道德规范的要求；首次将"创造"纳入教育技术领域的三大范畴，强调了创新；对"过程和资源"限定了"适当的技术性"	出镜3	PPT 4	同期声、录音		回到年份移动的界面 教师点击2005文字动画，突出重点 讲完05定义退回到前面年份动画的页面
4	经过十多年的发展，在Web2.0时代相关教育理论及技术大发展背景下，AECT17定义应运而生 17定义下的教育技术强调"学与教"的过程与资源，使人更关注教学本身的策略设计、管理与实施，而不至于过多地关注技术。突出应用，希望能从多个实践方案中挑选出最佳方案。以促进学习为核心目的，进一步拓展到了知识的提升以及学习和绩效的调节	出镜4	PPT 5			回到年份移动的界面 教师点击2017文字动画，突出重点

续表

场次★	讲稿部分	画面设计要求				
	【知识点名称】1 现代教育技术概论	出镜	ppt	录音	视频素材	其他要求★
5	随着教育理念的革新和信息技术的发展，教育技术肯定也会不断地发展	出镜 5	PPT 6			文字动画，突出重点
6	二、教育技术的发展历程 关于教育技术的由来，可以追溯到人类产生语言前。原始教育技术的雏形——凭借自己的身体器官来进行信息的传播，随着人类的不断进化，从口耳相传到文字教材，从直观教具到音像教学媒体，从程序教学到计算机辅助教育，20 世纪 90 年代以后，现代信息技术获得空前的发展并焕发出勃勃生机	出镜 6	PPT 7			（教师走进一个屏幕前，点击一下，就将屏幕画面放大，播放） 结绳记事、口耳相传、文字教材、直观教育、音像教学媒体、计算机辅助教育、虚拟技术、人工智能等的影像，配合文字动画。类似于纪录片的样子。给人视觉冲击
7	【1. 国外教育技术发展沿革】 在西方国家中，美国教育技术产生最早。作为典型代表，美国教育技术的发展历程大致可以划分为视觉教学、视听教学、视听传播和教育技术四个阶段 【（1）视觉教育】视觉教育可以追溯到近代欧洲 17 世纪的直观教学。教学中主要使用一些直观教具，如图片、实物、模型、照片、磁铁、地球仪；照相机、幻灯机和无声电影等。1923 年成立了全美教育协会视觉教学部（DVI）	出镜 7	PPT 8 课件里有一些图片（叠加在一块）			国外教育技术发展沿革 可以尝试采用时间轴、大事记的方式，逐步推进历史。出现文字相对应的图片辅助理解

续表

场次 ★	讲稿部分	画面设计要求				
	【知识点名称】 1 现代教育技术概论	出镜	ppt	录音	视频素材	其他要求 ★
8	【（2）视听教育】 由于无线电广播、有声电影、录音机在教育中获得运用，视觉教育便慢慢发展为视听教育。1947年，视觉教学部改名为视听教学部（DAVI）	出镜8	PPT 9 课件里有一些图片（叠加在一块）			可以尝试采用时间轴、大事记的方式，逐步推进历史。出现文字相对应的图片辅助理解
9	【（3）视听传播】 随着教育电视的应用，以及计算机的诞生，教育实现了传播功能，1963年，视听教育改为视听传播	出镜9	PPT 10			可以尝试采用时间轴、大事记的方式，逐步推进历史。出现文字相对应的图片辅助理解
10	1970年，美国视听教育协会改名为教育传播和技术协会，首次提出"教育技术"的概念并对其进行定义。进入80年代后，教学设计的理论和方法逐渐成熟，并广泛运用于学校教育和工商业训练等的不同层面。同时，教育技术研究领域扩展到人机交互作用、多媒体技术应用、人工智能与教学设计专家系统等方面	出镜10	PPT 11			可以尝试采用时间轴、大事记的方式，逐步推进历史。出现文字相对应的图片辅助理解

续表

场次 ★	讲稿部分		画面设计要求				
	【知识点名称】 1 现代教育技术概论	出镜	ppt	录音	视频素材	其他要求 ★	
11	我国教育技术的发展历程： 　　我国教育技术的发展历程与国际发展历程有类似也有区别。教育技术作为一个新兴的实践和研究领域，在我国是以电化教育的出现为标志的。我国教育技术的发展历程从时间上可划分为四个阶段 　　（1）电化教育的兴起：以 1919 年有人尝试幻灯教学的实验，作为我国电化教育起步的标志	出镜 11	PPT 12			我国教育技术的发展历程： 　　画面上动态显示【】中的内容 　　出现文字相对应的图片辅助理解	
12	（2）电化教育的初步发展：电化教育的初步发展：1949 年，中华人民共和国成立后，播音教育和电视教育在社会上开始兴起。各地开始创办电视大学，中小学也逐步开展起了电化教育活动	出镜 12	PPT 13			出现文字相对应的图片辅助理解	

续表

场次 ★	讲稿部分		画面设计要求				
	【知识点名称】 .1 现代教育技术概论	出镜	ppt	录音	视频素材	其他要求 ★
13	（3）电化教育的重新起步与迅速发展 1977年，我国电化教育进入迅速发展阶段。建立了中央电化教育馆，开设电化教育专业，建设了专业教材和刊物	出镜13	PPT 14			出现文字相对应的图片辅助理解
14	（4）教育技术的迅速发展 教育技术的迅速发展：1993年，我国正式确定将"电化教育"更名为"教育技术"；20世纪90年代以后，远程教学、网络学习、计算机支持的合作学习等日趋多元化；21世纪，在线资源库、微课、慕课等迅猛发展，大数据、虚拟现实、人工智能等辅助教学，教育技术进入了新的迅速发展阶段	出镜14	PPT 15			出现文字相对应的图片辅助理解

场次 ★	讲稿部分	画面设计要求				
	【知识点名称】 1 现代教育技术概论	出镜	ppt	录音	视频素材	其他要求 ★
15	随着现代科学技术的发展和教育信息化建设步伐的加快，教育技术未来发展特点主要体现在以下几个方面： 　　1. 教育技术作为交叉学科，协助将成为教育技术发展的重要特色，其作为交叉学科的特点日益突出 　　2. 信息技术与课程整合、在线教育是教育技术理论与实践的两个重要领域，更加重视实践性和支持性研究 　　3. 信息技术所支持的学习环境将真正体现出开放、共享、交互、协作等特点，教育技术应更加注重学习者的心理研究 　　4. 教育技术网络化、智能化、虚拟化的程度及其教育应用水平日益提升，将对教学手段、教学方法和教学模式产生深远的影响	出镜15	PPT 16			出现文字相对应的图片辅助理解或文字动画
16	无论教育技术如何发展，师范生作为未来的教师，不可忽略的是，教育中最本质的始终是人，任何技术和方法都只是辅助性的	出镜16				从出镜5复制过来的出现文字相对应的图片辅助理解或文字动画

续表

场次 ★	讲稿部分	画面设计要求				
	【知识点名称】 1 现代教育技术概论	出镜	ppt	录音	视频素材	其他要求 ★
17	作为师范生，我们要理解现代教育技术的定义与内涵，重视其指导作用；我们要知晓教育技术的发展历程，借鉴别人的有效经验；我们也要了解趋势，顺应时代的发展。新时代的教师，需要灵活运用理论和技术方法来实践教学；达到促进教学的目的	出镜17	PPT17			出现文字相对应的图片辅助理解或文字动画
18	谢谢大家	出镜18	PPT18 片尾			超星片尾

4. 微课视频录制

（1）微课视频录制的步骤

步骤一：备课。在录制微课视频前，负责拍摄视频课的授课教师，需要对课程的内容做到熟记于心，只有这样才能够保证视频拍摄的效果，让视频拍摄更为顺利，减少时间的耗费。并且顺畅的录制过程，也可以让学习者在听课时，感受到连贯性，更能够沉入进来。因此，认真备课是录制微课视频的第一步也是较为重要的一步。只有教师对课程的重点内容做到了如指掌后，在录制课程视频时，才能够通过如拖动鼠标、重点划线、增加强调等方式来配合解说，让微课视频更具有生动感。在备课过程中精细化课程内容，教案要做到口语化、可视化，不能过于抽象、复杂，要做到上课而非念课。

步骤二：制作视频。根据在线课程所用视频类型的不同，其可分为三种制作模式。

①屏幕录像模式。即教师在电脑中，通过实际演示的方式来为学习者展现需要学习的内容，而同时将这一过程利用录屏软件进行录制后，再通过剪辑等程序制作成视频。这种微课视频的制作模式，非常简单且便捷，无需人数过多，只要安装好需要的软件和能够录音的麦克风，授课教师一个人就可以完成录制。

②动画讲解模式。针对教师课程的具体内容与特点，结合教师讲述的音频，

使用动漫制作软件，采用适当的技术表现手法，把课程制作为生动形象的课堂动漫。这种方法适用于某些抽象知识点的介绍，以及涉及安全因素而无法实际完成的实验作业等。

③教学录像模式。此模式通常会选取实景教学场所作为拍摄背景，通过使用录像机等专门的视频装置，把教师的课堂教学过程完美地拍摄下来，然后再使用专门的非线性剪辑软件进行后期编辑，最后再渲染并输出录像。

此类视频可以根据微课主题选择讲课地点，可以是教室、录播室、实验室，也可以是在操场、实习场地等。一般要选择光线充足均匀、安静的环境，尽量使用一种光源。如在室内拍摄，可以将窗帘关闭，使用室内的光源。拍摄方式可以采用教室拍摄、情景剧拍摄、实景拍摄、实验拍摄、触摸屏演示及虚拟场景结合等方式，可根据课程内容具体选择。在拍摄视频前要将所有的道具提前准备到位；讲课的教师要注意出镜的形象，服装要美观大方，可以统一中制造一些变化，女教师可以淡妆出镜。

步骤三：校正。对已经录制完成的微课视频，与微课脚本、分镜头脚本等进行认真的检查和校正，确保整个视频的内容没有任何错误，让所想即所见。

（2）《现代教育技术》的微课视频录制

根据《现代教育技术》在线开放课程的特点，本课程的微课视频录制采取了屏幕录像与教学录像结合的模式（图3-3-4），通过讲课教师的操作和讲解，更有利于学习者理解课程内容。教学录像主要采用了虚拟场景，此种选择能够让教师本人与讲解的内容更突出。在微课录制期间，教师保持了良好的镜头感，衣着整洁，给人专业性极强且不乏美观性的观感。

图3-3-4　《现代教育技术》在线开放课程的微课视频模式

（五）在线开放课程的应用

在线开放课程是一类课程，与线下教学一样，学习者在学完每章课程后，需要有相应的考核标准，来衡量学生的学习效果。

《现代教育技术》在线开放课程在此方面就设计了签到、问卷、分组、讨论等课堂活动、测试、作业等应用模块，用于教学的辅助。本课程主要考查学习者的课程学习参与程度及学习效果。学习者需要观看课程视频、学习章节内容、完成章节测验、完成作业、参与讨论、互动等教学活动，最后参加期末考试。考核时形成性评价和终结性评价并重，成绩 60 分以上为合格，90 分以上为优秀。具体应用如下。

1. 签到

在每节课开始前，均设置了签到环节。教师可通过后台看到当天的签到情况，进而掌握学习者的出勤情况，将其作为成绩评定的标准之一。

2. 问卷、测试

每节课通过电子问卷、讨论等形式，可以实时、高效地反馈与评价，进而实时调整课堂教学，有效提高课堂效率，增强课堂效果。问卷共分为课堂预习反馈与评价、课堂作品反馈与评价、课堂效果反馈与评价、课后反馈与评价四个部分，全面覆盖课前、课中和课后。并且，每一章的课程学习完成后，均设置了章节测试。

3. 分组、讨论

课程设有群，在群内可以通过群聊的功能，让学习者自己完成分组或进行课程的相关讨论。如果在课程学习中遇到了困难，还可以在课程群聊中发布求助信息，一起学习这门课的学习者就可能会解决相关问题，让线上学习不再孤独。

4. 作业

本课程的作业采取客观题与操作题相结合的方式，操作题为题库形式，题库为分章节的各类题型，共 1005 道。在理论知识学习的同时，培养学习者的实际操作技能。

5. 师生互动

在课程网页中，设置有师生互动环节，用于师生之间的互动，主讲教师在版面通过留言的方式提出问题，学习者可以在下方留言作答。实现了线上课程的无障碍互动（图 3-3-5）。

图 3-3-5　《现代教育技术》在线开放课程的师生互答板块

6. 成绩评定方式

本课程的成绩分校内和校外两种评定方式，校内考核更为严格。

校外成绩评定方式：章节学习 20%——鼓励学习者访问课程进行学习；视频学习 10%——知识颗粒化，学习完规定的 60 个任务点视频内容；章节测试 10%——完成每一章后面的章节测试，部分知识点里有课堂测试；讨论、作业等 20%——教师在每个章节都会发放知识点相关讨论，考查学习者的参与程度及协作学习的能力；发放作业 3 次；考试成绩 40%——完成期末考试试卷，题型主要为单选题、判断题、多选题等客观题。题目涉及的知识点较广，多套试卷分别发放至不同班级，考试时，考题乱序，选项乱序。

校内成绩评定方式：视频学习 10%；章节测试 10%；作业 10%；讨论、互动、签到等教学活动 25%；拓展学习 5%；考试成绩 40%；题型主要为单选题、判断题、多选题等客观题，还有 1 个制作学科教学课件的操作题。多套试卷分别发放至不同班级，考试时，考题乱序，选项乱序。

七、智慧学习环境下在线开放课程建设的思考与展望

（一）智慧学习环境下在线开放课程能够发挥的作用

从智能时代的视角来看，目前这种以 XMOOC 为主导的在线开放课堂是我国基础教育课程改革的必经阶段，同时也是一种过渡阶段。XMOOC 的基本理念和教学方法与传统的课堂没有实质上的差别，仍然注重的是系统化的知识教学，而采取的是"传递—接受"型的教学方法，仅仅把知识传授的流程从实体课堂迁至网络；但同时也因为其大规模和网络教学的特点，导致了教师间、生生间的沟通互动显得较为艰难，而单向灌输的趋势也比较突出。但它的积极效应又是很明显的：首先，互联网教室的建立使很多我国传统教育课堂在经过改造之后都搬到了互联网，因此累积了大量的互联网教学资源，同时也栽培了较大批适应互联网课堂教育的新教师，从而养成了学习者在互联网学习的习惯。第二，互联网教育资源（以慕课视频为主体）的建设，促进了学校线上线下混合教学和翻转上课等模式的发展，也推动了学校课堂改革。由传统的以小班教学制为核心的教学，迈向更个性化的网络课程，就需要先经历一个线上线下混合的教学阶段。在这一阶段中，对在线开放课程的建立与使用影响很大。第三，在线开放课程建立过程中，大批在线教育公司的参与，突破了传统教育由高校包揽天下的单一局面，促进了教育生态链条的重构，也促进了我国教育体制的改革。但从更长期的发展角度考虑，XMOOC 并不适应大智能时代人才培养的需求，必须随着时代的进步而逐渐转化提升。

（二）智慧学习环境下在线开放课程的升级改造

就短期而言，XMOOC 仍将处于在线公开课程的主导地位，而它们的常规慕课教学方法也将逐步式微，会更多地向私播课程和商务慕课过渡，但未来也有机会发展成为"1+N"教学方法，届时预先录制的商务慕课，将更多地向现场直播形式的在线公开课程过渡。大学的课堂教育将更多地和网络开放课堂融合，线上线下混合式教学和翻转授课，将代替单纯的授课，并逐步形成主流教学模式。

就中长期而言，XMOOC 将逐步淡出历史舞台，但未来还有机会出现完全由智慧自动化机器人教师所主导的在线开放课堂，但是将会以相对单一的方法开展教育和指导，且课程也将越来越有个性和智能化。智能机器人教师和人类教授将分工合作，前者主要教授学生硬件知识，而后者则主要帮助学习者共同建构软件认知。所以，随着未来网络开放教学的变革与升级，还可能出现以下发展趋势。

1. 去学科化

传统实体教学都是按照学科分类体系分科教育的，这和互联网时代之前知识大多以文本的形态记载在书本上密切相关。而随着互联网的到来，知识更多地储存在互联网中而并非书本上，由于互联网上的知识储存方法都是立体的、多维的、直观的、动态的，因此，学科之间的界限也越来越模糊，更多的是基于情境与问题的学习，知识也从静止的层级架构逐渐变为动态的网络生态。因此传统学科分类体系已日益不符合教育实际的需求。与此对应，在线开放教学中也将出现更多的突破传统课程界限、跨学科，甚至跨专业合作的重构性教学。

2. 微课程化

为满足信息时代对碎片化学习的需求，网络开放课堂也将以短小精干的微课堂形式为优。课堂的教学内容将较为集中，课程持续时间也将较传统课堂为短，更新速率也将提高，学习方法和途径也将更为多样、个性化。微课堂将和微学分结合在一起，可以形成终身的学习系统。学分银行制度也将在此基础上建立实施。

3. 协同创新

由于创造性学习的发展，未来在线开放教学可能会由多个同领域的专家与学习者以共同研讨的方式展开，但并非完全由一个名师包揽所有。通过分享、互动、探讨乃至辩论，引发创新火花，从而产生创造性结果。

第四章　智慧学习模式的构建

本章节内容为智慧学习模式的构建，分别从智慧学习模式概述、智慧学习模式简介、智慧学习模式的构建原则及方法、基于在线开放课程的"课内选修"个别化教学模式研究四个方面进行阐述。

第一节　智慧学习模式概述

一、学习模式的概念

模式，即模型、样式，是指对反复出现的事物进行规律总结，依此得到的高度抽象概括的问题解决方法。国外学者乔伊斯等人指出："学习模式实际上代表的是一个环境，既可以被认为是教的模式，同时也可以被叫作学的模式，在实际的课堂中，最重要的是建立一种学习的环境"[①]，我国学者钟志贤认为："学习模式是在某种支撑和理念引导下，为达到某个目标而设计的相对稳定的程序"[②]。虽然以上的国内外学者对于学习模式的定义是不一样的，但是从他们对学习模式所归纳的定义之中，我们可以发现以下共同点。

第一，模式是不能脱离环境而单独存在的，它们两者之间是一种互相促进并相互依赖的关系。环境能够为模式发挥功效提供支撑，而在模式的构建之中，实质上也包含了一种环境的建立。

第二，模式包括了理论、目标指引和活动程序几个关键部分。

[①]　[美]B. Joyce，M. Weil & E. Calhoun，（2000）. Models of Teaching（sixth edition）[M] ALLYN & BACON，A Pearson Education Company. 荆建华，宋富钢，花清亮，译. 教学模式. 北京：中国轻工业出版社，2002.

[②]　钟志贤. 学习模式的类型与价值判断 [J]. 现代远距离教育，2007（04）：3-5.

二、智慧学习环境下的学习模式

智慧学习不仅以"情景感知、学习分析"等全新技术实现继"移动学习、泛在学习"后的智能化升级，还通过"关联主义、混合学习"等全新"互联网＋智慧教育"理念，塑造了以智慧创新为核心、学习者积极参与的完整体验新范式[①]。

智慧学习环境下的学习模式，总体来说主要具备以下两点特征。

第一，表现在学生的选择权方面。即在智慧学习环境中，环境本身可以通过先进的信息技术，对环境中的各种学习要素进行设计与组合，为学习者创造极佳的学习条件，在这种环境中，学习者对学习资源、学习工具、学习方式、学习评价等各学习要素方面都拥有充分的选择权。

第二，表现在自主建构上。这种自主建构主要体现在学习者的有意义建构上，即每一个学习者均可以结合自身现有的学习经验，通过利用智慧学习环境中的各个学习要素支持，将所学习到的知识和经验，加入到自身的知识体系当中。由此我们可以说，智慧学习模式构建的关键就是确保学生有足够选择的条件，并且这些条件能够支持学生进行有效的自主建构。

三、智慧学习模式的类型

智慧学习区别于以往传统学习方式的显著特点就是"以学习者为中心"，其贯穿于智慧学习的方方面面中，无论是智慧学习环境的建设、学习资源的开发还是学习评价的设计，都以此为原则。智慧学习模式也离不开"以学习者为中心"的理念，且其也是智慧学习的主导模式，以其作为主导，才能够达成使学习者呈现多元化、个性化、智慧化发展的目的。

黄荣怀[②]按照学习情景不同将智慧学习环境分为：支持"个人自学"的智慧学习环境、支持"研讨性学习"的智慧学习环境、支持"在工作中学"的智慧学习环境、支持"在做中学"的智慧学习环境和支持"课堂学习"的智慧学习环境。结合智慧学习环境的分类以及智慧学习的内涵和特征，将智慧学习模式分成了独立自助式学习模式、群组协作式学习模式、入境学习模式以及创客学习模式等五种模式，可以充分满足自主学习、协作学习、实践学习等不同学习的需求[③]。

---

① 许正兴，郭荣梅，李宏芳. 创新创业教育导向下基于后现代认识论的智慧学习模式建构与实践策略研究 [J]. 当代继续教育，2018，36（03）：52-58.

② 黄荣怀，杨俊锋，胡永斌. 从数字学习环境到智慧学习环境 [J]. 开放教育研究，2012（1）：75-84.

③ 杨现民，晋欣泉. 智慧学习理论与方法 [M]. 北京：科学出版社，2021：108-109.

第二节　智慧学习模式简介

一、独立自助式学习

这种学习模式与我们日常选购商品的超市十分相似，在这种模式之下，学习者能够在学习过程中依据个性偏好，自助选用教学资料、用具与服务等项目，从而使智慧学习模式具备了人性化、主动化、自助化等特点。在这种学习模式之下，学习者所需要的各类学习资料，可以看作超市中的商品，如同在超市中选购时一样，学习者对于学习资源的选择是完全自由的，而教师则可以看作导购，可以对学习者提供一定的帮助，让学习者能够更快速、更准确地找到自己所需要的学习资料。独立自助教学模块的实施过程分为设定学习目标、收集学习资料、检查练习所得，以及评价教学效果。

二、群组协作式学习

群组协作式学习是指学习者群体之间以社群的方式进行协同学习，社群可以是由同班同学们构成，也可能是在虚拟互联网上由有着同一学习目标或相同学习兴趣爱好的学习者群体同伴们构成，还可能是由处在一个开放性场地（如教学研究培训基地、站点、社群等）中的学习者群体们构成。智慧环境的快速感知和个性化推荐等功能，为进行大规模群组的协同学习创造了必要条件[1]。

三、入境学习

情境认知理论认为学习的实质是个体参与实践，并与他人、环境等相互作用的过程，是形成参与实践活动的能力、提高社会化水平的过程，而不是以某种认知表征来准确地匹配客观事物的过程[2]。入境学习直白地说，就是让学习者能够产生一种身临其境感觉的学习模式。通常需要借助情景感知技术，设立一定的教学情境才能达成。

---

[1]　郭晓珊，郑旭东，杨现民. 智慧学习的概念框架与模式设计 [J]. 现代教育技术，2014，24（08）：5–12.

[2]　郭晓珊，郑旭东，杨现民. 智慧学习的概念框架与模式设计 [J]. 现代教育技术，2014，24（08）：5–12.

四、创客学习

创客是一类将创意作为自己核心能力的人。创客学习的精髓在于学习领域的迁移。可视化设计及 3D 打印的发展使创客学习实现的可能性大大提高。"创客"学习包括了专题学习、产品设计构思、产品设计研发与实际运用四大主要环节[①]。

五、翻转学习

翻转学习是翻转教学变革的深化和延伸，它不等于翻转教学，翻转教学是实现翻转学习的一个模式。翻转学习网把翻转教学界定为："翻转教学是一种新教学方式，它通过将课堂教学从社群学习空间转换到个人学习空间，使社群学习空间转变为一个由教师指导学习者，创造性地进行主题练习的动态交流的教学环境。"

"翻转学习"旨在进一步深化"翻转"的内涵，引导和规范翻转课堂的实践，充分利用面对面教学时间，构建以学习者为中心的学习环境，以达成深度学习的目标[②]。相对"翻转教学"对流程翻转的强调，"翻转学习"强调对"翻转"内涵的关注，并明确对"深度学习"有着根本的要求，其有利于对以往在翻转教学实践中被过度强调的视频技术内容进行重新定位。翻转学习是由"学习内容、学习目标、师生地位"的翻转，深化到整个学习理念的转变，最终聚焦于对深度学习的促进[③]。

第三节　智慧学习模式的构建原则及方法

一、智慧学习模式的构建原则

（一）提供多样化的学习路径

每个学习者自身条件和生长环境的不同，造成了他们之间的差异性，而智慧学习的一个显著特点就是尊重学习者的个性，让学习者群体能够充分发挥自身的

[①]　郭晓珊，郑旭东，杨现民. 智慧学习的概念框架与模式设计 [J]. 现代教育技术，2014，24（08）：5-12.

[②]　胡立如，张宝辉. 翻转课堂与翻转学习：剖析"翻转"的有效性 [J]. 远程教育杂志，2016，34（4）：52-58.

[③]　胡立如，张宝辉. 翻转课堂与翻转学习：剖析"翻转"的有效性 [J]. 远程教育杂志，2016，34（04）：52-58.

个性，在学习的各方面都拥有一定的选择权。这就需要提供多样化的学习路径，具体包含了以下两方面的内容：第一，充分利用智慧学习环境中的各项智能性技术，如通过监控与记录学生的学习轨迹，为学生推送合适的资源等；第二，充分发挥教师在教学活动中的作用，教师可以创造性地设计资源、工具和评价等智化要素，为学习者提供能够进行充分选择的条件，要充分调用和组合环境中的各个要素，最大程度地提供充裕的条件①。

（二）促进学习者的自主构建

教师在智慧教学的过程中，结合信息技术所获取的数据，能够明确了解学习者现有的知识经验，而后通过对智慧学习环境中的如学习资源、学习工具、学习方式、学习评价等各学习要素，为学习者搭建好"支架"，使学习者们可以充分利用这些支架，发挥自主性，对新的知识进行构建，与此同时，也完成了对原有知识体系的完善和扩充。

（三）尊重每个学习者的个性

在智慧学习的学习模式下，每一个学习者都是相对独立的个体，既然是个体，必然会具有差异性，这种差异性也正是学习者们与众不同之处，发现这些差异并引导凸显这些差异，才能使每个学习者成为独一无二的存在，这样才有利于其走入社会后的发展，也才有利于整个国家的发展，百花齐放才能够让国家更加强大。

如果在教育的过程中，教师们忽略这种差异性，在很大程度上就会泯灭学习者们的天性。所以在教学时，作为教师就需要认识并尊重每一个学习者的个性，并在教学中"区别对待"，有针对性地实施教学策略，在为学习者进行教学引导时，要特别注意每个学习者的个性差异，以及由此而决定的学习需求的差别。

二、智慧学习模式的构建方法

（一）独立自助式学习模式的构建方法

1.借助智能工具规划学习目标

学习者在智慧学习空间中，可以借助智能工具，查阅自身的发展信息记录，并依据自身当前所需以及智慧学习环境提供的信息资料，确定学业发展目标，并由此而规划好学习的目标和方向。学习的目标和方向可以由学习者自己进行选择，

① 赵铭洋，王朋娇，罗月池. 智慧教育环境下开放学习者个性化学习模式探究 [J]. 软件，2019，40（11）：5.

但在此同时，智慧学习空间也会给学习者提出意见。除此之外，当智慧学习环境中还设计有"个性智能代理"，当学习者向其告知学习目标后，可以协助学习者完成开展学习活动前期所需要的如找寻资料等某些基础性的工作，使学习者能够快速地进入学习状态中，减少时间的花费。

2. 获取学习资源

系统能够对学习者所提供的目标信息进行智能分类，有助于学习者迅速、精准地掌握所需资料，并智能推荐相应资料；而且学习者还能够按照自身的学习需要在目标资料超市中自动地精心选择所学资料，在选择过程中教师也能够做出正确的指导。系统推荐和自动挑选的教学资料，最终结果都将加入学习者的智能个人学习空间中，学习者能够进行筛选、甄别、重组资料。相对于主动挑选，智能推荐可以节省时间，但是系统推荐的资料并不一定能够满足学习者的所有教学要求，而自己挑选的资料结果通常更理想，同时挑选的过程也是学习的过程。

3. 查看学习所得

学习所得指的是学习者们在学习过程中得到的知识或信息，以及自己依据这些知识所形成的方案、研究报告及相关作品。学习者历次通过自主学习所获得的信息资源，都能够通过智能关联技术，自动形成个性化的信息资源网络。学习活动中产生的所有方法、报表、作业、帖子、问题或者作品，都将作为学习资源和参考资料存入学习者的学习档案中[①]。对于所包含的这些资料，学习者能够在任意时间内翻阅查看，并在此过程中，还可以与获得资源过程中的其他相关用户产生联系，并且根据自身需要而进行进一步的交流，形成个人学习关系网络。同时，当学习者在开展学习活动的过程中遇到难以解决的问题时，还可以及时地向授课教师寻求协助，让当前的学习可以顺利完成，达成学习目标。

4. 评价学习效果

对于学习效果的评价，在独立自助式学习模式中包含了两方面的内容，即系统评价和自我评价。首先，系统会以学习者平时的学习表现、测评结果等方面为评价依据，对学习者的学习做出评价，而后，学习者可以通过系统对自我的评价进行分析，完成自我评价，并且进行反思找出自己的不足，还可以用自己喜欢的方式将反思过程和结果记录下来，以便自己随时翻阅。除此之外，系统还可以根据学习者平时各方面的学习表现，对学习者的学习活动进行全面性的分析，并将其制成表格发送给学习者。以上所有的数据统计都是一个量化的客观评价，学习

---

① 郭晓珊，郑旭东，杨现民，等. 智慧学习的概念框架与模式设计 [J]. 现代教育技术，2014, 24（8）：8.

者可以将其与学习伙伴的数据进行对比，而后针对差异较大之处进行分析，可以进一步找出自己学习的不足之处。

（二）群组协作式学习模式的构建方法

1. 根据所感知的需求进行群组划分

在智慧学习环境中，通过大数据等支持技术，智慧学习系统（平台）能够对学习者的学习风格、学习进度、学习偏好等进行分析。而后根据分析的结果可以为学习者群体提供十分多样化的学习小组组建方案。学习者可以根据其给出的方案，在教师的引导下，建立学习小组。如果是没有指导教师的情况，则系统会结合学习者预先设置的分类信息实现智能分类。

2. 统一群组的学习目标

群分配完毕后，必须共同统一群组学习。但因为群组人数庞大，所以相互之间要求建立共同统一的学习相当困难。因此需要充分发挥智慧学习系统（平台）的智能分类和聚合功能，群组成员可采用头脑风暴等方式集中商议群组学习，系统对讨论中的文字做出内容分析，并自行提炼出符合多数组员要求的共性教学目标。待群组成员一致选举合格后，产生共同统一的群组教学目标。

3. 制定学习活动规划

根据统一的课程目标，并通过对每位学习者的实际需求进行了解和数据汇总与挖掘，结合群成员内部的协商研讨，确定具体课程任务，并建立科学合理的学习活动规划。

4. 合理分类任务

群组协同学习强调合作过程、人际网络以及学习者社群关系的形成。任务合理的分配，以实现物尽其用、人尽所能，是达到群组协同学习效果最优化的关键保证。而在开展群组学习时，每个学习者所被分配的学习任务，都是智慧学习环境以学习者的特点为依据而进行的合理分配。依赖于大数据，智慧学习系统（平台）在分配学习任务前，会对学习者之前的学习数据进行分析，为学习者推荐其适合选择的任务，以使每个学习者所分配到的任务都是最符合其特质的。并且，学习小组在完成任务过程中所开展的一切学习活动，智慧学习系统或平台也会进行监控，以及时发现重要问题并提供指导建议。

5. 集体评价

群成员在执行他们所负责任务的过程中，会形成不少学术研究成果，包括研究报告、教学课件、经验反思、技术解决方案等。而利用智慧学习系统（平台）

的集群共享功能，成员间、群内部也能够共享学术研究成果，并交换学习心得与成功经验。群组学习成果的评价将采取集体评分的方法，即每位学习者都积极参与到评价的流程中，包括了自身评分、伙伴互评以及对整个学习小组合作做出评价等。而智慧学习系统（平台）则会对学习小组的学习协作进行解析，并根据相应评价模式，得出量化的评价结论。

（三）入境学习模式的构建方法

入境学习大致上可分成两类，一类是基于某一确定主题的正规学习，另一类则是无一定主体意识的非正式学习，它们的构建方法是不同的。

1. 正式学习

在开始正式学习前，学习者需要做一些准备工作，包括明确自己的学习目标和学习过程中所需完成的各项任务等，当这些准备工作完成后即可开始进入学习情景中。而在刚开始学习前，学习者还需要将自己的学习目标和学习过程中所需完成的各项任务上传至智慧学习系统（平台），系统（平台）会根据学习者上传的这些资料对学习者建立初步的了解，并会迅速地寻找适合学习者特征的学习资源，且进行筛选，向学习者推送最为适合其学习情况的学习资源。

而学习者开展学习活动的整个过程，也都将会被智慧学习系统（平台）进行收集，并自动保存在云空间内，同时还可以对这些收集到的信息进行智能解析。每当学习者完成一个阶段性的学习目标后，可以结合智慧学习系统（平台）所收集到的这些信息，对自己的学习过程和所使用的资源进行梳理，还可以通过与学习伙伴分享、讨论等方式，开拓学习视野，进一步找出自己的不足，对自己进行全方位的评价。智慧学习系统（平台）也会以实时可视化的方法，将对学习者的学习活动所做出的评价及时反馈给学习者群体，从而有助于其掌握自身的学业发展情况。

2. 非正式学习

非正式的情境探究教学活动方式，是发挥学习者创造力，培育学生兴趣的最有效途径之一。生活现场也是最大的情境研究所，学习者能够随时地使用智慧终端，登录云教学平台，查阅教学资源，发现自己学习中的问题，寻找解决方式。而当前，在智慧科技驱动下的各种智慧学习环境的形成，为学习者群体进行非正式的入境教学活动方式创造了更为智慧、个体化、情境化的教学场景。学习者群体在步入场地后，可以立刻被周围环境智慧标识身份、感受兴趣，并自行推荐个性化的教学资源，从而智慧策划了学习路线。自然环境作为学习者的学习伙伴和

"导游"，能够进一步调动学习者的兴趣和求知欲望，引导学习者进行探索发现，并积极解惑答疑。在自主探索的学习过程中，自然环境还会自觉地向学习者介绍其可能感兴趣的学习伙伴，引导学习者相互进行交流活动，从而形成人际关系网络并增强人际交往能力。

（四）创客学习模式的构建方法

创客课程可以使学习者的基础知识和实际创新能力得到全面提高，也可以增强学习者分析问题、解决实际问题的能力，还可以训练其发散思考、逆向思维、批判性思考和创造思维的习惯。合理的设计思路是"创客"课程中的重要环节，拥有合理的设计思路就可以形成既创新又实际的产品，而合理的设计思维是建立在主题式教学的理论基础之上的。在主题式教学阶段，学习者必须掌握设计相关基础理论并掌握相应的知识，然后通过实际地观察现实情况找到其中的不足或者发现新的市场需求，之后利用现代化的技术手段与工具分析并解决实际问题，从而发挥创造力。在产品设计开发阶段，学习者还必须把创意思维转换成实际的可使用的设计方案。利用智慧环境采集的数据、通过网络联系和询问设计专家意见等各种渠道，获取创意实现的有关资源，并建立设计方案。进而，利用数字设计工具完成 3D 建模和仿真试验，在模拟试验中不断完善设计方案。最后，将产品设计的模型利用如 3D 打印机等快速成型工具实现产品的原型制造，并加以实际运用，检验设计的合理性和产品设计的现实使用价值。

（五）翻转学习模式的构建方法

一般而言，智慧学习环境下的翻转学习实施流程包括课前自主学习、课中问题解决、课后延伸探索。

1. 课前自主学习

在翻转学习中，首先，教师通过相关的技术在网络平台上传资源，包含教学微视频、网页课程、自测题、学习资源包等，并公布学习安排；其次，学习者自己学习，完成任务。经过自学之后，学习者将疑问抛在相关技术平台的答疑讨论区内进行互动交流，此时课程助教或者智能机器人小助手可以针对其中的一些问题进行答疑解惑。学习者独立学习、合作学习能力的培养，促进了学习者实验能力与创新能力的训练。

2. 课中问题解决

在翻转学习中，课中主要是用于开展问题解决、项目完成、合作探究等，是激发思维、碰撞思维的好场所。首先，教师通过相关技术平台导出学习者课前自主学习的数据，包括测试查询、题目统计、视频播放记录、视频下载记录等，总结学习者课前自主学习情况，选取学习者普遍认为的疑难点进行细致讲解。其次，教师发布新的学习任务，学习者进行小组协作，并将成果上传至相关技术平台上，实现教师评价、同伴评价。再次，依托相关技术平台对学习者进行测评与考试以达到检验学习者知识掌握程度的目的，并对测试做出即时反馈。如果学习者检测情况较差，教师需要进一步为这些表现差的学习者讲解疑难点，实现双方的深层次互动交流；如果学习者检测情况较好，则跳过这一程序。最后，当所有问题都得到解决后，在教师引导下，学习者依托系统对整堂课进行总结。

3. 课后延伸探索

在反转学习中，课后具有重要的作用，它主要是为了拓宽学习者视野、进行深入的主题探究等，进一步培养学习者发现问题、解决问题、团结协作、自主学习的能力。首先学习者需要完成课后的作业练习，并将在写作业过程中遇到的问题抛在相关技术平台上进行集中讨论、交流，教师通过平台对学习者的疑难困惑进行耐心解答，再一次进行深度的交流。其次，学习者结合所学，自行分组，依据兴趣进行课后主题探究。最后，自主学习新课，为下一次课程的开始做好准备。

第四节 基于在线开放课程的"课内选修"
个别化教学模式研究

一、公共课个别化教学现状

随着信息技术的飞速发展及其在教育领域的广泛应用，人们对知识的获取更加便捷，学习者获得知识的途径也更加多元化，这对传统教学产生了很大的影响，整个教育界都在探索新的教学方法以提升学校教育教学质量。目前，基于网络的在线教学模式已成为教学改革的主要手段。2018 年 9 月教育部批复《教育部关于同意湖南省建设教育信息化 2.0 试点省的函》，湖南省拟通过实施教育信息化 2.0 行动计划，到 2022 年基本实现"三全两高一大"的发展目标。[1]

---

① 中华人民共和国教育部：《教育部关于同意湖南省建设教育信息化 2.0 试点省的函》，http://www.moe.gov.cn/srcsite/A16/s3342/201809/t20180920_349555.html，2021-06-12.

个别化教学是当今世界范围内强劲的教育思潮，也是各个国家教育改革的重要指导思想之一。高校公共课程涉及的专业面广、人数多，教学过程中容易忽视专业特色，教学实施时很难实现分层教学和实时反馈，个别化教学适应当代培养多元化人才的需求，尤其适合公共课教学。在线开放课程的时空跨越、资源丰富、数据实时等特点给个别化教学带来新的尝试。

（一）现状调查

为了解公共课中关于个别化教学和信息化教学的现状研究，作者及课题组研究成员以湖南幼儿师范高等专科学校的学习者为研究对象，进行了问卷调查和访谈调查。课题组在问卷星中编制了"公共课个别化教学现状调查问卷"，共22个客观题，主要包含基本信息、教学方法、教学媒体和学习评价等方面的内容。同时，课题组还制定了访谈提纲，进一步对部分学习者和公共课教师进行访谈。考虑大学公共课课程主要在低年级开设，而调查对象需上过公共课课程，故将问卷主要发给高招三年制的二年级一期学习者和中招五年制的四年级一期学习者，同时也小范围发布至其他年级。本次调查共回收有效问卷577份，其中三年制的二年级学习者占49.39%，五年制的四年级学习者占42.81%，其他年级学习者占7.8%。

（二）调查问卷主要内容及结果

1. 公共课个别化教学现状调查

在问卷中，关于公共课个别化教学的现状调查主要从教学内容、教学方式、学习难度分层、自主学习、学习活动、教学反馈和评价等方面进行，还选取部分学习者和公共课教师进行了访谈调查，将主要调查结果进行汇总，如表4-4-1和表4-4-2所示。

表 4-4-1　公共课学习情况调查　　　　　　　　　　　　　单位：%

调查内容	经常	有时	很少	不
会根据专业特色选择学习内容	8.54	54.15	31.44	5.87
会提供不同难度的学习内容或资料	22.22	56.42	17.53	3.82
会运用不同方式呈现学习内容	24.48	61.11	12.60	1.74
会根据你的课堂学习情况引导你的拓展学习	18.58	59.20	18.06	4.17
允许你有独立学习的机会	30.03	57.29	10.76	1.91
会鼓励你参与讨论与发表	36.81	51.56	9.72	1.91
会针对上课过程的表现进行实时评价，让你了解自己学习的表现	17.71	59.55	18.58	4.17

续表

调查内容	经常	有时	很少	不
会在一个单元或一个项目，针对你的沉积学习效果，进行评价	16.67	56.94	22.05	4.34
会引导你来评量自己的课堂学习效果	17.88	51.17	22.74	5.21
会教导你如何去帮其他同学进行评价	16.49	58.85	18.23	6.42

表 4-4-2　喜欢的学习方式调查

调查内容	人数 / 人	比例 /%
全线上学习	130	16.49
传统教室面授学习	294	22.57
线上线下相结合的混合式学习	57	51.04
无所谓	130	9.9

访谈中，大部分学习者希望教师根据专业特色和学习者个体差异设置不同的教学内容，因材施教、学为所用。教师则主要反映专业跨度较大，个别化教学准备工作较复杂，有时候有很多好想法，但因为时间、效率等因素，在课堂上也比较难实施。

2. 公共课个别化教学的主要问题

分析上述调查结果，主要体现出公共课教学中的如下问题。

（1）教学内容上专业特色体现不够

在"教师会根据专业特色选择学习内容"的调查中，选择"经常"的有 8.54%，选择"有时"的有 54.15%，选择"很少"和"从不"的一共占到了 37.31%。结果显示，在公共课的教学中，教师根据专业特色选择学习内容的力度不够大。在公共课的教学中，经常会一位教师任教多个专业多个班级，从而可能出现某些教师拿着同一本教案给多个专业授课的现象。公共课中给每个专业都设定个别化的教学内容需要投入较大的精力，专业特色体现不够一直是公共课教学中的一个显著问题。

（2）教学内容上难度分层不够

在"教师会提供不同难度的学习内容或资料"的调查中，选择"经常"的有22.22%，选择"有时"的有 56.42%。结果显示，教师因材施教的个别化教育理念较突出，但频次不太多。在访谈中，部分教师反映，因学习者的基础水平和上课掌握情况有较大的不同，课堂上教师缺少时间去关注每一位学习者的学习情况，教师发布分层任务时，只能提供一些不同难度的资料给学习者自主学习。真正在课堂上有效实现分层教学且有效反馈评价有一定难度。

（3）个别化的拓展学习开展不够

在"教师会根据你的课堂学习情况引导你的拓展学习"的调查中，选择"经常"的有18.58%，选择"有时"的有59.2%；在"允许你有独立学习的机会"的调查中，选择"经常"的有30.03%，选择"有时"的有57.29%；在"允许你参与讨论与发表"的调查中，选择"经常"的有36.81%，选择"有时"的有51.56%。结果显示，公共课中，教师有意识地引导学习者开展拓展学习和参与讨论与发表意见，但还是大部分都处在"有时"的层次，个别化的拓展学习开展得还不够。

（4）学习评价不够及时与全面

在"会针对上课过程的表现进行实时评价，让你了解自己学习的表现"的调查中，选择"经常"的有17.71%，选择"有时"的有59.55%，22.75%的学习者选择很少或从不参与实时评价；在"教师评价、自我评价、同学间评价"的调查中，这三者的调查结果很类似。访谈中，部分教师反映课堂上的有效且全面的实时评价，一直是教学中的一个较大难点。

（5）学习者喜欢多样化的学习方式

在"会运用不同方式呈现学习内容"的调查中，选择"经常"的有24.48%，选择"有时"的有61.11%，访谈中，学习者表示喜欢多样化的学习内容，觉得那样学习效果更好，但经常这样做的教师并不多。在"喜欢的学习方式"的调查中，超过一半的学习者喜欢线上线下相结合的混合式学习方式，16.49%的学习者喜欢全线上学习的学习方式，只有22.57%的学习者喜欢传统教室面授学习的学习方式。在国家大力发展教育信息化的进程中，传统面授的学习方式需要改革，学习者对混合式学习表现出较大的喜爱和期待。在信息时代教师需大力提升自己教育信息化的能力。

二、基于在线开放课程的"课内选修"个别化教学模式

2015年5月《习近平致国际教育信息化大会的贺信》中指出，我国坚持不懈推进教育信息化，大力促进教育公平[1]。《国家中长期教育改革和发展规划纲要（2010~2020年）》中明确提出"尊重教育规律和学习者身心发展规律，为每个学习者提供适合的教育"[2]。为每个学习者提供适合的教育，要求教师在教学中关注

---

[1] 中国政府网：《习近平致国际教育信息化大会的贺信》，http：//www.gov.cn/xinwen/2015-05/23/content_2867645.htm，2020-06-15.

[2] 中华人民共和国教育部：《国家中长期教育改革和发展规划纲要（2010~2020年）》，http://www.moe.gov.cn/srcsite/A01/s7048/201007/t20100729_171904.html，2020-06-15.

学习者差异，采取个别化教学，个别化教学适应当代培养多样化人才的需求。

2020 年新冠疫情期间，教育信息化发挥了重要的作用，全国纷纷开展起了"停课不停学"的线上教学活动，这让在线开放课程开始大范围推广和普及。在线开放课程的应用，一定程度上加速了教育信息化，也有利于实现个别化教学。

作者从 2016 年开始建设《现代教育技术》在线课程，2019 年该课程被立项为湖南省精品在线开放建设课程，2020 年被定为湖南省精品在线开放课程。基于《现代教育技术》在线开放课程实施个别化教学的过程中，作者探究了个别化教学中常见问题的解决策略，并不断优化和完善教学，构建了"课内选修"个别化教学模式。

（一）基于在线开放课程的个别化教学问题解决策略

1. 基于在线开放课程的"海量"资源实现教学内容的专业特色

调查中显示，教学中教师根据专业特色选择学习内容的力度不够大。由专业教师团队建设的在线开放课程，有"海量"的教学资源，教师可以根据专业特色选取教学内容，实现教学内容专业特色化。以湖南省精品在线开放课程"现代教育技术"为例，在第 8 章制作 PPT 学科教学课件实例部分，各师范专业的学习者可以在在线开放课程中选择本专业的案例进行学习（图 4-4-1）。每个专业中也有多个学习案例，学习者可以进一步进行分专业个别化的学习（图 4-4-2）。

＾ 8.2 【学前教育课件】

  8.2.1 项目一：多变的天气

  8.2.2 项目二：认识五官

  8.2.3 项目三：有趣的拼图

  8.2.4 项目四：学前案例赏析

图 4-4-1　分专业的学习内容

〈实践模块〉第6章制作PPT基础案例《静夜思》	课堂导学	《静夜思》课件案例…	项目一：【封面】制作	项目二：【主控导航…
	项目三：制作【读一…	项目四：制作【认一…	项目五：制作【写一…	项目六：制作【知识…
	项目七：制作【作业…	项目八：设置切换效果	项目九：课件排版设计	章节测试

图 4-4-2　学前教育专业的学习内容

2. 基于在线开放课程的微视频实现教学内容的难度分层

调查显示，教学内容上的难度分层不够。教师因材施教的教学思想常常因为班级人数较多和课堂时间不够而较难实现。在"现代教育技术"课程中，教师团队将每个知识点设计为基础知识、进阶知识和拓展知识，每个知识点都提前录制好了微课。基础知识是每位学习者必须掌握的较简单知识，进阶知识是需掌握的稍难一点的内容，拓展知识是非必须掌握的供基础好的学习者自主学习的知识。基于在线开放课程，学习者可以根据自己的实际学习情况自主选择个别化的学习内容。微课也可以很好地避免传统课堂中教师一遍一遍重复讲解的旧模式，有更多的时间进行个别化教学。

3. 基于在线开放课程实现个别化拓展学习

一节课的课堂容量有限，学习者的基础水平和接受能力也不一样，引导学习者进行拓展学习是提高课堂效率和学习者个性化发展的要求。调查显示，个别化的拓展学习开展得相对较多但还不够，传统课堂中教师要保证全班学习者必须掌握知识点，因此大部分的拓展学习环节都是引导学习者自己去做，教师无法参与到这个环节。基于在线开放课程，各个知识点学习者都可以观看微课学习或巩固，学习者的学习效果更好，教师也有更多的时间对学习者进行个别化辅导。"现代教育技术"课程中"插入文字"知识点的拓展知识有微课、实践操作、阅读等内容；在整门课的第 8 章，制作了大量 PPT 应用拓展案例，学习者可以自主进行个别化拓展学习。

4. 基于在线开放课程的大数据实现全面实时的学习评价

调查中显示，教学中的学习评价不够及时与全面，实时且有效的评价一直是传统课堂中的"老大难"问题。以超星学银在线的"现代教育技术"在线开放课程为例，基于大数据集成了签到、投票、选人、抢答、主题讨论、随堂练习、问卷、评分、分组任务等课堂活动，这些活动系统都能实时统计和反馈结果，教师能进行实时的评价与反馈。借助对学习者的精准评价，为学习者推送个性化作业，对学习者学习效果等进行个性化检验，为新一轮的分层提供依据。[①]

5. 基于在线开放课程拓宽学习者的学习方式

随着教育信息化深入开展，教育技术与课程整合的强度、深度和广度越来越大，应用得也越来越好。调查显示，学习者喜欢多样化的学习方式，也喜欢信息

---

① 李泮泮. 基于大数据的精准分层教学实践 [J]. 现代教育，2020（01）：37-39.

化的学习方式。[①]"现代教育技术"课程基于在线开放课程辅助教学,学习者可以随时随地学习,可以实时在线讨论。基于在线开放课程,系统中可以实时显示学习者的学习数据,有助于了解学习情况。应用基于在线开放课程的混合式学习方式,课堂变得更高效,教学质量得到较大的提高。

(二)基于在线开放课程的"课内选修"个别化教学模式

在核心素养文件中自主发展模块内,提出学习者要学会学习,乐学善学,能养成良好的学习习惯,掌握适合自身的学习方法。公共课关联专业众多且学习者基数大,急需进行个别化教学改革。作者以主持建设的省精品在线开放课程"现代教育技术"为基础,实施个别化教学,通过多年不断的研究、修改和完善,构建了基于在线开放课程的"课内选修"个别化教学模式(图4-4-3)。

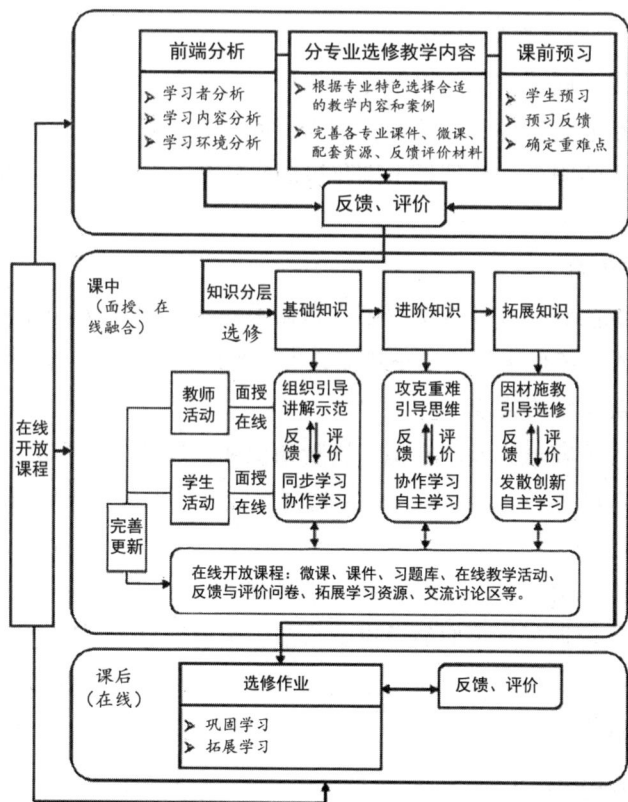

图4-4-3 基于在线开放课程的"课内选修"个别化教学模式

---

① 高姝睿. 浅论教育信息化环境下大学生学习方式的变革 [J]. 教育教学论坛, 2017 (51):199–200.

该模式按照学习的时间顺序将课堂分为课前、课中和课后三个阶段，基于在线开放课程，实现公共课的个别化教学，提高教学效率，增强课堂教学的深度和广度。

1.课前分专业内容选修

课前分专业内容选修是指基于在线开放课程，教师针对不同专业选择符合本专业特色的教学内容。

（1）前端分析

在此模式中，在课前教师需要先进行学习者、学习内容和学习环境的分析。先了解学习者，遵循教育教学规律和学习者发展规律，重视学习者水平差距；再统筹学习内容，将知识分层，并重视知识与学习者所学专业的融合，将知识点融入特色专业化的案例使课程内容更贴近岗位需求；然后分析学习环境，准备好教学所需各类环境要求。

（2）分专业选修教学内容

教师于在线开放课程中，根据专业选择不同的教学内容和案例。并且要根据教学情况，不断地完善各专业的各类教学资源。建设好课程资源库，可以为课堂教学提供更优质的服务，特别是个别化资源库的建设和使用，更加贴合本校学习者的现状。

（3）课前预习

教师在上课前到在线开放课程中发布预习任务和预习反馈问卷，根据学习者的反馈情况，确定该班级的教学重难点，实施班级间的个别化教学。

2.课中分层次案例选修

教师将学习内容分为基础知识、进阶知识和拓展知识三个层次，而且班上不同基础的学习者在拓展学习环节，自主选择在线开放课程中不同难度的案例。

（1）基础知识学习

该部分知识要求学习者都要掌握，是最基础的知识，一般学习者通过预习微视频就能掌握。教师可以采取简单讲解示范，主要引导学习者进行微视频同步学习和小组协作学习，学习者通过小组内互助掌握相应知识。教师有充足的时间进行个别化教学指导。

（2）进阶知识学习

该部分知识要求学习者都掌握，是重难点的知识。一般教师重点讲解，如果还有不会的学习者，可以采取微视频同步学习和小组协作学习的方式。在该环节中，教师发布课堂学习情况反馈问卷，根据统计的结果引导基础好的学习者进入拓展知识学习阶段，个别化指导基础较差的学习者。教师可以根据反馈结果运用在线开放课程中的分组任务功能，引导学习者根据学习情况自主加入不同的组别中，教师分组进行答疑。

（3）拓展知识学习

该部分知识是教学内容的迁移和延伸，要求学习者将所学融会贯通或学习相关的其他知识。这是开放性的教学环节，教师因材施教，引导完成了第一、二阶段学习的学习者进行选修并反馈评价，学习者发散思维，自主学习。在线开放课程中，该部分的知识也有微视频或图文教程，实现学习者高效的个别化学习。

3. 课后分难度作业选修

课后分难度作业选修是指学习者根据自己的学习情况，选择不同难度的作业。在作业环节中，教师根据知识分层情况，设计不同难度的三个作业，由学习者自主选择不同难度的一个作业。作业分值由教师设置。

4. 教学反馈与评价

反馈与评价贯穿三个学习阶段的始终，教师根据学习者的反馈结果不断修订和完善学习计划。基于在线开放课程教学，教师有更多的时间对学习者和学习活动进行反馈与评价。而且，在线开放课程中的签到、选人、抢答、问卷、主题讨论、随堂练习、分组任务和学习统计等功能，都能立刻基于大数据生成反馈与评价，学习者可以查看整体反馈结果，也可以查看个人的反馈结果。这真正体现了实时性、高效性、个别性。全面的、实时的教学反馈与评价是个别化教学的重要元素，但是它一直是传统教学中的一大难点，基于在线开放课程教学可以很好地解决这个难题。

随着大规模在线开放课程（MOOC）在全球兴起，用户可以随时随地进行学习，各大高校掀起了以促进教育公平、提升教育质量、降低教育成本、服务终身学习为目标的在线开放课程建设浪潮。新冠疫情期间，全国开展了"停课不停学"的教育活动，在线开放课程的影响已经潜移默化地大范围应用到各学段的教学中。在线开放课程"海量"的资源库、可反复观看的微视频、大数据的高效统计、丰富的在线活动、实时的交互功能等为个别化教学的实施提供了可能，基于在线开放课程，可以有效解决传统教学中实施个别化教学容易出现的诸多问题。

因此，结合传统个别化教学已有的丰富经验，在信息化环境下，基于在线开放课程实施个别化教学是一个新的研究点，适应时代的发展。

本研究构建了基于在线开放课程的"课内选修"个别化教学模式，可以有效增强教学的深度和广度，对于个别化教学的实现起到了较好的效果。但是随着时代的发展、理念的更新、方法的改进、技术的进步、学习对象的变化等，该教学模式是需要经过实践反复验证并不断完善的。在"课内选修"个别化教学模式中，在线开放课程的建设有一定难度，这需要教师提高教育信息化应用能力，组建合理的团队，分工协作，潜心研究和优化课程内容，建设优质数字化资源。在今后的个别化教学实施中，个别化的方式可以与时俱进地更新，在线开放课程的外延也可以适当地拓展，有利于为国家培养个性化、多元化和创新化的人才①。

---

① 杨玲. 基于在线开放课程的"课内选修"个别化教学模式研究 [J]. 玉林师范学院学报，2021，42（05）：135-140.

第五章　智慧学习高效评价体系的创新

本章节内容为智慧学习高效评价体系的创新，分别从智慧学习评价的相关理论、智慧学习评价体系的创新策略、智慧学习高校评价体系的高效运用三个方面进行阐述。

第一节　智慧学习评价的相关理论

一、学习评价的作用

学习评价有着多种含义，从学校校长的角度来说，通过学习评价能够及时地获取学习者群体在校内的学习情况，并且可以将其作为学校的主动行为，以便于更好地识别学生并为下一步管理方案的制订提供参考；而从授课教师的角度来说，通过学习评价能够对学习者的学习方法、对课堂的反应等方面做全面的了解，继而通过反思的方式对自己的教学活动做出自我评价，继续发挥教学活动中具有优势的一面，同时，对于具有劣势的一面，可以进行改进，以提升自身的教学水准；从学习者的角度来说，可以从学习评价结果中分析自己学习的强项和弱项，而后有针对性地强化自己学习的优势，并减少劣势；从教务处等管理群体的角度来说，通过学习评价可以了解校内各个班级的教师所教授的内容，并能够采用对学习者群体评价进行分析的方法，来发现学校整体教学中所存在的不足之处，针对其做出改进，以提升学校整体教学水平；对于父母而言，能够掌握孩子的学业状况以及变化趋势，从而协调学校对孩子们进行的教学。可以说，学习评价对教学活动而言有着多方面的含义和价值。

（一）诊断功能

评价对教育最直观、最简单、最基本的功能，就是对教学活动的诊断功能。它缜密地考查教师课堂与学生学习之间的双边交互状况及进程，包括了课堂秩序和气氛是否良好、教师的教学是否科学、系统、有启发性，教师是否能联系学员现有的学习经历和生活实践，以及学员的活动热情和主体积极性如何充分调动，掌握、运用新学知识点的状况又如何，并在各方面考查中发现教师自己所存在的疏漏、偏差、不足、错误等各类问题，从而进行处理、改进。随着教师检查关注的对象范畴和任务范围的不同，教师诊断的种类和特点也多种多样，但都力求及时找到问题，并对整个教学进程的质量进行合理的评价，为改善教师课堂教学质量奠定扎实的基础。

（二）引导功能

学习评价一个主要功能就是，结合教学活动所指定的目标，对授课教师和参与学习活动的学习者予以引导，使他们可以通过学习评价的结果，分析自我的不足，对不足之处及时进行改进，从而能够使教师的教学工作获得更大的进展，且使学习者的学习取得更大进步。除此之外，他们还可以通过学习评价的结果发现自己较为成功的一面，并从中获得鼓励，进而提升从事教学工作或学习的积极性，达到期望的教育目标，使人生获得发展。我们可以说，对于教育工作是否成功，其主要依据是教学的目标、方向和任务是否已经达成，这也是进行学习评价的基本尺度。尤其是在当前，学习已不再是短暂的接受教学或培训，而已经进一步发展为一种有具体的教学目的、有严密的教学内容和相关课程教学规范，多学科专业交叉进行，由易到难、由单纯到繁杂的有关基础学科知识和专门课程知识的教育过程。在这个相对漫长的教育过程中，无论是处于哪一个学习阶段，都必须要有明确的教育目的、目标、教学方法、课程规范，以及具体的教学指导、规范、调控和奖惩等办法，以保证学习者能够按时按质地完成学习任务并获得自身发展。而学习评价则是达到教学目的、贯彻教学方法、保证课堂教学效果和质量的关键手段。

二、学习评价的原则

开展学习评价，有助于教学活动的顺利实施，并且为学校各方提供有关学习方面活动的改革参考，学校不断地根据学习评价调整教学手段和方案，才能在最为短暂的时间内有效达成教育目标。

学习评价活动一般包括以下三个环节：第一环节是教育信息的收集，在传统教学环境下，信息收集的主要手段是观察，通过观察的方式以掌握整个课堂教学的基本流程和全貌。在进行信息收集的过程中，需要注意的有教师在课堂中对于内容的讲解，以及讨论活动等教育互动，进而判断出课堂教学活动的效果、质量和不足之处。另外，除了课堂内信息的收集外，对于课后的习题、作业发布情况也要做到有所了解。并且可以综合课堂上和课堂下的各方面信息，做一些必要的测试，来确定学习者对于专业知识的掌握情况。综上所述，对于开展学习评价所做的教育信息的收集工作，应该较为全面，并且使其具有相当的深度、广度和代表性，这样才能够体现出整个课堂教学的基本水平、效果、经验和问题，为做出客观性的学习评价打下扎实的基础。第二环节是综合所收集的信息进行学习评价。主要对已掌握的教学信息加以总结、梳理、分类，寻找其优点，再总结其经验发现其问题并查明其成因，从而进行符合教育实际的评价，以确定教师对下阶段课堂教学调整和提高成绩的意向。第三环节则是通过信息的反馈，将教育评价信息及时反馈给教育过程和学习活动中的主体人物，如教师和学习者，以取得对他们的了解、认可、合作，以便认真并切合实际地调整好下一次的教学活动，以进一步提高教学效果，进而进一步优化课堂教学内容，提高质量，并向着实现教学目的的方面稳步前进。这也就是为本文构建评价指标和实施环节的最直接理论依据。

学习评价系统的主要作用，是可以为教学活动提供信息反馈，参与学习活动的各方，就可以结合反馈的信息，寻求更多的进步。而课堂教学若要卓有成效地实行，并且能够同时保证教学质量和教育目标的实现，就必须保证学习评价反馈信息的准确、畅通与高效。之所以这样说，是因为，只有这样的反馈信息才能够帮助教师增加自身的教学经验，从而解决自身教学方法中的问题和不足。

三、智慧学习评价的内涵及特征

（一）智慧学习评价的内涵

智慧学习是学习发展的大势所趋，是符合时代需求和特征的，而在智慧学习体系中，智慧学习评价是非常重要的一环。在智慧学习环境中，学习评价采用的是具有智慧性的评价系统，其运用了多种分析技术，如大数据分析技术、社会网络分析、统计分析等技术，对学习者的学习过程进行全方位、立体式的分析，通过这种分析能够从学习者的学习过程中找出大量真正有价值的信息，帮助学习者对是否达成学习目标等方面进行自我判断，这种评价从实质上来讲，是为了实现学习者智能和实践创新能力的双重发展。

从本质上来分析，智慧学习评价就是在云计算、大数据、物联网、移动网络、人工智能等技术的支持之下，通过对教育及学习者的信息和数据进行全方位的收集、归纳和分析，为教育及学习过程做出智慧判断，从而指导教育和学习活动达成目标，为学习者成为智慧型人才提供最具科学性的帮助。

（二）智慧学习评价的特征

1. 注重对知识的深度理解

智慧学习所倡导的学习宗旨是学习者能把认知内化为智能后，成为智能型人才，不仅能够智能性地解决问题，还能够进行创新、创造。在此过程中，学习者的创造性思维、创新活动、创造性方法和最终结果的达成，都是经过高度能力智化的成果，要想真正取得智力化的成果，仅靠陈述性知识和程序性认识都是远远不够的，一定要能够具有看透事物本质的能力，对事物建立全面的了解，同时通过这种了解推进新知识的产生。智慧学习的评价标准必须基于认知，并注重评价学习者对核心知识点的掌握深度。智慧学习的最终目的是为了培养学习者自行解决问题的能力，并以这种能力作为人生各个阶段发展的基石。所以智慧学习评价必须注重学习者在学习过程中是否具有解决问题的能力，并且能够积极、自主地把新获得的知识整合到原有的知识结构之中，并将已完成整合的知识内容运用在新情境之中。在具体考评中，要求设定综合性考评任务，评价的结果应该是全方位的，需要能够反映出学习者包括知识水平、思考方式、心智及运动技能等多方面的素质。但是，智慧学习也尊重不同学习者之间的个性差异，也正是因为如此，在评价过程中，不会强求每个学习者都能够对知识达到同等深度的理解层次，而只要学习者能够达到自身能力水平的最高层即可。

2. 注重高阶思维能力评价

智慧学习的主要理念与目的就是推动学习者的全面发展，其发展方向可通过从多元角度考察，如素质教育、多元智能、新课程变革以及智能时代对人才素质要求的倾向等。而发展学习者的高级才能，反映的正是智能时代对人才素质要求的倾向。发展高阶思维能力是以高级思考为核心内容的能力整体。

传统学习评价注重的是学习者当下的学习成绩，而智慧学习评价则完全不同，其具有智慧性，学习成绩只是评价体系中的极小部分，其更注重的是学习者通过智慧学习，能够脱离对知识仅作单纯记忆的传统学习方式，而使自己具有独立解决问题或者能够通过群组协作的方式解决问题的能力，以及能否具备以更高层次知识发展水平为重的综合型学习能力。进入了智慧世纪，学习者就必须掌握高阶思维能力，使之能以独立思考的精神去应对各种问题。

3. 注重综合素质评价

发展智慧教育的目的，是提高学习者群体的综合素质，以培养学习者的创新能力和综合素质，创新教育方式，推进教育改革。学习者在接受了智慧型教育之后，能够得到智力与实际能力的双重发展，所以学习评价应该关注学习者的全面和谐发展，评价教学内容也不要以点带面、以偏概全，而是要全面，不但需要评价学习者的知识水平与能力，还要评价学习者在发展过程中的心态、情感、价值观以及创新能力。利用大数据分析技术记录并分析学习者的个人活动数据、大规模考试数据、阅读数据、社交圈数据，以及教学平台上的数据等，发现学生的潜质和不足，从而为智慧学习评价提供资源，促使综合素质评价不再流于形式。智慧学习评价的目的是正确评价学习者的素质水准和潜能特征，重视学习者的综合素养。因此，在评价过程中要推崇信息收集的全样本性，从学习者整体思维的角度去理解与发掘学习者，从而揭示学习者在智慧学习中各方面的发展变化。

4. 评价主体具有多元化特征

为提高智慧学习评价的科学性，学校应该采取多个途径、各种方法对学校进行评价，使学生能在不同情境下充分展示自己。

首先，虽然智慧学习是以学习者为本的一种学习模式，但是与传统学习模式有相似之处的是，教师在整个学习活动中所具有的作用是不可忽视的。因此，在智慧学习的主体之中，教师的评价可以说是具有举足轻重的作用，所以，我们应该重视教师的评价。但是，这并不等同于教师是开展评价活动的绝对主体，在智慧学习的所有方面，教师都是以引导者的身份而存在的，同理而论，在评价活动中，其通常是评价活动的主导者，主要作用是控制评价活动的进程，评价活动的主体仍然是学习者。

其次，智慧学习的显著特征是以学习者为本，所有教学及学习活动开展的中心都是学习者群体。因此在实施多元化的学习评价时，必须要认真落实学习者的主体地位，而不得以任何理由削弱学习者实施自我评价的积极性。所以，在开展评价活动时，要为学生留有一定的选择空间，例如可以引导学生独立地设计自己的电子档案袋，并自行选择提交档案袋的内容，保障学生的自我参与度。

最后，要引导学习者在群体内开展互相评价的活动，通过把自己的档案袋与学习伙伴进行交流的方式，获得来自学习者群体内的评价，还要引导学习者扩展交流的范围，不要仅局限在一两个人范围内，只有这样才能够丰富评价内容，并便于学习者进行横向对比，发现自己的不足。在学习者与其他多名学习伙伴采用交流的方式，请学习伙伴对自己进行评价的同时，学习者也可以对这些不同的学习伙伴进行评价。这样，学习者和学习伙伴之间就同时成为评价者和被评者，所获得的评价将更具客观性。从伙伴之间互评的整体评价过程来看，学习者能够从中开阔眼界，通过对不同学习伙伴评价的观察，可以引发更多的思考，并且还能够通过观察伙伴们怎样解决问题，来完善自身的学习方法，因此可以说，伙伴之间互评的评价方式，更能有效推动学生的学习。综上所述，从教师、学习者自己、学习伙伴三种不同的评价主体来看，可以得到更全面的评价信息，呈现更精准的评价结果。

5. 注重过程性评价与动态反馈

智慧学习评价系统需要能准确反映学生学习中的现实情况并及时采集学生数据，筛查和处理数据并准确评价其学习成果、评价其学习质量水平，激励学习者自主反省与总结，以实现评价与教育过程的互相交汇融通。

智慧学习评价系统具有庞大的支持技术基础，可以实现瞬时评价与全时间评价，具体指不管学习者需要在何时何地完成练习，该教学情景都能够作为评价的目标时空，并真正实现全时间的大数据收集和检测，充分运用大数据处理信息的客观性、关联性、可预测性特征，评价学习者整个学习活动，重点放在学习过程方面，且会将评价过程中所取得的数据通过直观可视的方式展示给学习者。如此，作为课堂引导者的教师，可以更准确掌握个人学业进展状况与学业品质，从而实现精准教育，而学习者则可通过过程性评价认识自己的教学效果，进而调节、优化学习行为，促进自我完善、自我进步。

6. 评价具有实时性、全纳性、个性化及根本性

实时性：借助于智慧学习环境中的技术支持，对于学习者的学习所做出的评价，由智慧学习系统（平台）主要负责给出，由于智慧学习系统（平台）对学习者学习活动的整个过程都进行监控，所以能够实时地为学习者做出评价，授课教师根据这些评价能够迅速地掌握每个学习者的具体学习情况，并能够加深学习者评价中的各个细则对学习者的认知。通过智慧评价方式的应用，使得院校以及教师可以快速对学习者的学习成果进行反馈与评价，帮助学习者更好地认知自己。在现代许多学校及时应用自动评分，很好地解决了一些无法通过主观题进行评价

的问题，具有非常高的应用价值，是将来学习者考核评价的重要工具[①]。

全纳性：在教育科技水平日益提升的大背景下，学校可以做到对过程性数据的精确、全方位的采集，一方面既能够对庞大学生群体进行评价工作，另一方面又能够对每一位学生做出细致的评价，从而很好地分析出不同学生的语言沟通能力、团体合作能力和其他能力，并以此达到对各个学校学生的个性化评价。

个性化：借助相关信息技术，学校能够对学生的学习过程实现全面跟踪，使评价渗入各个学习阶段，而这些穿透型评价又能够给校方与教师带来一定的帮助，使校方和教师详细地认识到学校不能够把握与了解各知识点的根本原因，从而针对不同学生的学习问题给出相应的改进举措。

根本性：智慧学习背景下，学习者的思维方式直接影响到自身的学习模式，然而思维的运行是通过大脑发出指令进行的，人类的语言水平、动作水平以及艺术水平发展等都是由大脑指定区域负责的，利用高水平技术对大脑中的区域进行检测，从中了解到每个区域的发展状况，进而有目的地制定调整与干扰方法，这种方式能够有效地促进人类的思维发展[②]。

四、智慧学习评价的关注点

（一）关注教师的教学能力

智慧教育的过程既是教师认识、情感、思想活动等全面发展的教育过程，也使传统课堂教学过程变成了一种复杂的、非线性的教育实验活动，是一个动态变化、不可预测的教育过程。由此可见，课堂教学的重复性、生成性、创新性以及学习者思想的多元化，都对教师的课堂观念、教学设计、评价和反思、教学引导等方面提出了较高的要求。在智能教育中，学习者是主体能动、自我个性增强、持续发展的教育实践主体。教师们必须针对不同学生的知识水平和特点，给出多样化的学业指导策略，并着力挖掘学习者更高层次的思想与才能。

（二）关注学习者的学习能力

智慧课堂，是以丰富学习者人生发展、推动学习者智力快速发展、培养学生综合素养为目标的数字化课堂。在教学流程中充满着经验、生成与创造。学习者在学习的过程中，体验提问、探索和解决问题的学习过程。在教学流程中，学习

---

① 林宗朝，田美艳. 基于智慧校园的职业学校学习者的智慧学习架构探究 [J]. 太原城市职业技术学院学报，2018（05）：6-8.
② 曾繁荣. 智慧学习背景下学生评价体系创建探究 [J]. 长江丛刊，2020（07）：164-165.

者应该能够按照自身的知识水平或学习兴趣选用教师所提供的教学资料，并受到教师适当的教学策略引导，以便于完成适应自己智力快速发展的学业。而各种学习活动的有效进行，如对知识点的理解、对新旧知识点的连接、自我反省与评价等，则需要学习者具备主动的自我引导能力，从而可以更加自由地掌控自身的学习时间与学习途径。

（三）关注教学媒介的质量

智慧教育和传统教学中的最重要区别，就是所使用的教学媒介发生了明显的变化。智慧教育中所使用的新教学媒体，可以让以学习者为中心的教学过程，具有多样化特征，避免课堂教学的枯燥无味，并且，还能够充分满足不同学习者的个性需求。智慧课堂中，学习者主体性的体现，必须构建在很高的自主选择和自我决策的基石上。

第二节　智慧学习评价体系的创新策略

一、智慧学习评价体系的构成

（一）多元化的评价主体

多元化评价主体是针对单一性评价相比较而言的，多元化指的是学习评价活动的主体是具有多样性的，而单一性的学习评价，主体多为教师。多元化评价具有诸多优点，具体包括以下 5 点。

第一，学习评价的结果来自多个评价主体，更丰富、更全面。

第二，由于评价的主体具有多元化特征，所以所获得的评价结果自然也就更为客观，公正性也得到了保证，有利于评价者在评价流程中，更有效地对被评价者的学习过程加以监测和引导，也能够让被评价者更愿意接受评价的结果。

第三，与评价主体更容易形成情感共鸣，产生相互影响，从而调动评价主体的社会主导性和主动性。

第四，可以改变评价者和被评价者双方不平等的社会地位，在与评价的人共同交流、磋商过程中，可以加深对各自的认识与理解，更易于建立主动、友好、公正的双方关系。

第五，促进评价的完善与健康发展及其功能的实现。

智慧学习评价的应用是多角度的，评价主体亦是评价结果的受益者。

对学习者来说，通过追踪教学和学习的过程，能够收集更多源数据，通过对这些数据进行挖掘分析，学习者能够更准确地掌握自己的学习状况，然后针对自己存在不足的地方，制定相应的解决对策。同时大量数据也会反映学习者在学习过程中可能遇到的潜在风险，学习者能借助一些干预措施加以规避。

对于学习伙伴而言，参与智慧学习评价，一方面能学会从多角度思考问题，拓宽思维；另一方面通过了解其他学习者的学习方式、学习策略等，对比自己的学习现状，进行反思，从而对下一步的学习有更清晰的指向。同时也能在与其他学习者交流的过程中，获知他们的学习过程，并从中获取经验，改进自己的学习方法，或者找到更适合的学习工具，并加以学习利用，实现同伴之间共同学习、共同进步。

对于教师而言，智慧学习评价的应用包括三方面。第一，矫正评价结果。学习者自评和同伴互评的结果会存在一些缺陷，因此需要教师去衡量学习者自评和同伴互评结果的准确性，然后加以引导、指导和辅导。第二，教育决策。通过智慧学习评价结果，教师可以清晰地了解不同学习者的学习情况以及未来的学习需求，然后针对不同学习者给予个性化的指导，或者开展一些符合学习者兴趣、有利于学习者未来发展的活动，这有助于提高教师教学的满意度。第三，优化课程教学。通过对学习者相关数据的解析结果显示，教师们可以调节教学方法，调整教学进度、教学风格等，以便改善课堂教学。

（二）评价方式

当前，面对智慧教育发展的新趋势，采用多样化的评价方法才是当前智慧教育评价的主要改革方向，具体体现为评价方法要强调过程化、电子化、综合化和发展性。

智慧学习评价不是针对一次性测评所做出的评价，其注重学习者的过程，最后所做出的评价是综合性的、全方位的。大数据技术可在评价过程中帮助学习者揭示学习价值，充分借助先进技术平台，持续记录学习者的学习路径和轨迹，对数据进行挖掘、组合与可视化，以洞悉学习者的个体差异和群体规律，为班级教学和个性化指导提供科学依据[1]。而在整体评价方式上，教师所关心的流程性细节越多，越能全面掌握学习者的情况。过程性评价通常和学习工作同时开展，因此

---

[1]　张琪. 技术变革视域下学科智慧课程建设——基于"长尾"评价的研创课程探索 [J]. 远程教育杂志，2015，33（03）：88-94.

信息处理的时间间隔越短，评价结论也越贴近现况，更加可信。

（三）评价内容

智慧学习评价需着眼于多元智能的发展评价，学习者的成绩仅作为检测学生学习某一维度的标准，而不是全部标准，更为关注的是学习者是否具有高阶思维能力，以及进行创新、创造的能力。为了更好地对学习者的智慧学习过程及结果进行评价，可以从学习效率、学习动机、情感投入、行为投入、实践创新、信息化技能六个角度进行评价，使评价的内容更全面、立体。

1. 对学习效率进行评价

主要目的是检验教学是否已经达成目标，即根据教师所设计的教学活动目标，检验学习者对课程教学目标的达成情况、对于教学过程中的活动和任务的完成情况，以及完成相应任务的效率情况。对学习者学习效率进行评价的一切基础，是需要教师做好教学活动的设计，包括教学目标、学习任务布置等。

2. 对学习动机进行评价

主要检验的是学习者自身是否清楚自己的学习需求，在学习者开展学习活动的过程中，当他们受到刺激时，就会产生一定的需求，而需求则会进一步引发出学习动机。学习动机是指一个人动力趋向良好，能保持学习者的正常学习活动，因此通过对学习动机进行评价，可以间接去判断学生在学习过程中是否产生了新的刺激。

3. 对情感投入进行评价

情感投入指的是学习者对学校生活和学习活动的情感体验。通常来说，学习者如果情感投入较高，就意味着其对学校内生活的喜爱度较高，且具有较积极的学习态度；反之，如果学习者的情感投入较低，则证明了其对学校内生活的喜爱度较低，且具有较消极的学习态度，甚至会产生厌学的情绪。所以说，对学习者的情感投入程度进行评价，是十分重要的，良好积极的态度是学习者能否顺利开展学习活动的关键，只有当学习者对于学习有关的生活和活动投入较多的情感时，才能够呈现出一种轻松的学习状态。

4. 对学习行为投入进行评价

学习行为投入指的是学习者在开展学习活动时，行动方面的投入程度，也是衡量情感投入程度的一个重要表现。当学习者表现出的学习行为较为积极时，就可以认为其学习行为投入程度较高，反之，则证明其学习行为投入较低。对学习行为投入评价，除了可以推测其情感投入程度外，还能够了解学习者在智慧学习过程中的参与情况。

5. 对学习者的实践创新能力进行评价

当前的时代是数字时代，从其发展趋势来看，数字时代将持续较长的时间。而在这一时代，各种先进的科技层出不穷，想要适应社会的发展，贡献自己的一份力量，就需要具备更高的个人能力和综合素养。对学习者的实践创新能力进行评价，可以及时掌握学习者在此方面的发展情况，对于能力不足的部分学习者，及时进行引导，发展其实践创新能力，当学习者在学习过程中表现出过分注重效率而忽视在问题解决过程中锻炼其创新思维的现象时，可以及时地纠偏，避免其学习走入误区。

6. 对学习者的信息化技能进行评价

因为互联网的普及，人们获取信息变得更加便捷、迅速，而每天或主动或被动面对的信息量也是巨大的，作为学习者，就要具备分辨信息和处理信息的能力，分辨出其中有用的部分，并具有相应的处理、解读和分析信息的能力，只有这样，才能够将海量的信息资源为我所用，用其助力于自身的学习活动。所以，对学习者的信息化技能进行评价，可以判断学习者在学习过程中是否具备利用信息化工具，有效获取资源、有效搜集、整理信息的能力。

（四）评价目标

智慧学习评价目标与智能型人才的成长要求相适应，致力于鼓励智慧学习者善于学习、创新发展、个性化发展和全方位发展。

学习者要善于掌握不断更新迭代的知识和各种技能。在智慧教育的不同方法中，创新教学占有独特的地位，也是智慧教育优于传统教学最根本的地方，是创新时代对学习者的特征性需求。所谓智慧学习，就是立足于创新时代进行的学习活动，将知识消费转化为认知创新，并通过开展创新活动、参与课程研发、创新项目实验等活动，培育学习者的创新精神、创新意志、创新思想，最终提高学习者的创新品质与创造力。而学习者知识风格和感知能力的不同，会影响学习者的学习过程、了解方法与教学结果。因而要重视每位学习者思想的独立性和才能的多样性，通过利用网络化、智能化的智慧教育环境，给思想有明显倾向或部分才能突出的学习者提供个人自由发挥的条件，学习者就能够掌握他们专长领域的知识技术，而教师也就可以在学习者需求的基点上，进行多元化的教育支持以促使学习者全面发展，做到全面教育。

二、创新智慧学习评价体系的策略

在我国传统的教育考核中，往往以学生的期末考试成绩为标准，而没有对学生的勤奋程度、进步程度以及学习态度等过程性质的评价，从而导致教育评价结论往往比较片面，也无法帮助学习者纠正其学习过程中存在的不良习惯。但随着智慧教育的出现，我国的教育形式以及教学方法等方面均出现了巨大的变革，在这个背景下，创新教育评价体系十分重要。符合智慧学习特征的教育评价体系具有多元化的特征，是对传统学习评价体系的创新，其具有两方面的优点：其一，通过智慧学习评价体系，负责教育的一方可以及时通过学习者的成绩及学习表现等，为学习者做出学习方面正确的、多角度的评价，这样的评价可以帮助学习者发现自己的不足，通过修正这些不足能够不停地获得进步，进而提高学习的热情，对学习更具信心，促进学习者的全面发展。其二，智慧学习评价体系有多种先进技术的支持，评价的过程和结果都具有科学性和客观性，能够让教师全面地了解学生的学习情况，加深对每一位学生的认知，有利于教师调整与改善后期教学计划。

对传统的学习评价体系创新，使之具有智慧性，可以从以下几个方面进行。

首先，真正将学习者视为教学开展的中心。在智慧教育模式中始终强调以学习者为本，即将学习者作为教育的主体，而不再是传统教育模式中的教师。以学习者为中心的教学理念最早起源于美国，出现在著名教育家、哲学家杜威的"儿童中心论"思想中。其中杜威认为人类有着各自的天性，要充分尊重儿童多样化的个性，并提出以儿童成长规律为基础开展教育活动。在智慧学习背景下，可以实现自主辨别学习者、自动调整模式等，这些现象都很好地体现了以学习者为主体的教育思想[①]。

其次，在智慧教育背景下，对学习者所做出的评价，不再仅限于学习活动本身，而会通过学习者在学习过程中发生的行为，对学习者进行全面的评价，包括逻辑思维水平、语言组织能力，以及价值观念等方面。

最后，智慧学习背景下要实现学习者评价的公平公正性，必须要结合多种评价手段与方式，特别是借鉴脑科学与神经学方面的知识、检测工具以及科研成果，从而更好地探索人学习的机制[②]。所以，要充分认知和梳理脑、神经与认知方面的相关知识，实现学习者考核结果的可视性。

---

① 何文涛. 智慧学习环境下基于知识建模图的在线教育资源众筹及其应用研究 [J]. 电化教育研究，2019（04）：59-67.
② 谢幼如，刘嘉欣，孙宁蔚，袁君，盛创新. 智慧学习环境下学习者科学探究心智技能的培养 [J]. 开放教育研究，2016，（02）：104-112.

三、智慧学习评价的设计

（一）正确把握评价的依据

在我国传统教育模式中，对学习者的学习进行评价的依据通常来说是学习者的考试成绩，以及教师对学生的主观印象，这也产生了教师评价的片面效应。而智慧学习技术的运用，将学生在各个方面的行为都清晰地记录了下来，并借由大数据客观分析的能力，使教师对学生、学生对自身的认识都变得更加全面客观，从而完善了学校学习评价的检测、指导、调节等功能，为学生的全面发展、终生成才指明了更加科学合理的方向。而通过大数据分析的客观性评价，不但能够记录下学生的学习时间，还能够对学生的学习情况做出客观判断，分析学生学习稳定度以及学习特点，进而支持了教师对不同的学生制定差异化的指导对策。在教学上，学生能够通过教育即时反馈系统立即对教师的提问进行反馈，教师也能够即时发现学生所做出的反馈和反馈的正确率，从而得到教学客观即时评价的效果，同时教师也能够有针对性地调整自己的教育倾向和重点。教学客观性评价系统有助于教师掌握学生的基本发展状况，并及时发现问题，从而为教师更好地教育学生提供依据。

（二）转变评价方式

在传统学习模式的学习评价中，对学习者的评价方法通常是采用对课堂教学完成后教学效果的评价。这种评价属于总结性的评价，通常采取的方式是通过一次考试成绩进行学习评价。这种具有总结性特点的评价，主要目的就是通过检验学习者的实际学习成绩和期望的教学效果之间差异的方式，来检验学习者教育目标的完成度。不可否认的是，这种评价方式之所以存在如此之久，必定是具有一定优势的，但是，其劣势也较为明显，采用这种评价方式对学习者的学习进行评价，总是容易忽略教育过程及学习者开展学习活动的过程，一味地比较学习者在一次考试中表现出来的学习水平，对于心理承受能力较弱的学习者来说，非常不利于他们长期的、健康的发展。

在智慧学习中，学习评价的方式更加多元化，且更注重学习者学习的过程性，更关注的是学习者在接受教育过程中的发展性，并根据有关技术记录学生的学习状况、学业成绩、学业反馈等各类数据，对学习者的实际学习状况与水平进行评价。在互联网普及的情况下，借助于网络，教师们能够通过使用各种数字化设备获取学生在学习平台、教学终端上的教学印记，从而全方位掌握学员在整体教学流程中的成绩，并把关注结果转化为关注质量。

（三）丰富评价内容

受到时间、空间、技能等方面的影响，我国传统课堂教学评价的重点主要是学员成绩的优劣。而智能课堂教学则在评价教学内容上采用了综合型的评价方式，不仅要评价学员业绩，还评价学习方式、兴趣、能力等多方位的内容。在智能课堂的内容评价中，利用大数据分析技术突破了我国传统评价教学内容的单一性，以获取学习者更多的信息，如知识能力、学术风格、社会背景等。由于教学的主要对象是学习者，因此学习者的综合素养最能体现教学品质的高低。而综合型评价方式除常规的评价成绩之外，还对学习者的思想品德、心理健康、艺术素质、社会经验等方面加以综合考虑。综合性评价完成了由常规的"一对多"教学模式（单一学习成绩评价多位学生）向"多对一"教学模式（多个学业表现评价一位学生）的转变，进一步优化了学生成长路径，彰显了"以人为本教育"的教学宗旨，有效推动了学生的全面发展。

（四）优化评价手段

"互联网＋"时代的大数据分析技术，一个最突出的特征便是数量巨大、层次丰富。若想有效获取、管理、分析这种巨量而繁杂的大数据，就离不开现代智能数据分析科技。所以，教育评价的技术手段就必须从通过人工统计、管理比较简单的数据（如考试成绩），到通过现代智能数据分析科技来管理来自平台和客户端上的各方面数据。通过智慧统计与可视化的呈现，实现教育评价的自动化。比如批改网就使用了智慧的评价技术手段，将巨大的英文与本族语语料库存放于其网站后台数据库，当学员将英语作文传到批改网后，通过查询与抓取等技能，机器能够将学生的写作内容与语料库中的单词、句型、内容相关度等维度进行比较，针对性地得出学员每篇作文的综合分数，并提供相关的语言、句式意见。同时通过智能算法与配合，批改网对学员出现的错误提供修正意见，从而大大提高学员练习的积极性。同时教师也在教师终端上能够查看学员的综合分数，让教师对学生的学习情况一目了然。通过智能的评价技术手段，给教师节约了大量时间，也有助于学员掌握自身的学习状况，从而达到教与学效果的提高。

第三节　智慧学习高校评价体系的高效运用

一、校内各层级人员对智慧学习评价体系的高效运用

（一）教师的运用表现

首先，教师可以通过自己为学习者布置的习题答题情况，对学习者的学习进行评价和分析。例如，可以通过每个学习者答题的正确比例，对自己的教学成果进行检验，以及确定教学目标的达成情况，而后可以结合对学习者答题情况所做的分析，及时地调整自己的教学策略。对于大部分学习者都觉得生疏的部分，教师可以有针对性地进行重点讲解，但是在这个过程中，要注意引导学习者自己解决问题，可以通过亲身示范等方式，对解题过程进行演示，演示过程中无需全面讲解，更多的是引导学生学会解题的过程，提高其后期的解题能力。并且，可以根据分析的结果，对后期的教学活动进行一些改进，如调整视频资源、课件资源、辅助讲解及解析资源等。因为教学活动面对的学习者群体人数是固定的，所以在经过一段时间后，教师对于每个学习者的学习风格就会有一定的了解，这样的情况下，经过几轮如上所述的教学策略调整后，绝大部分的学生基本可以达到看过课程视频就可以听懂的程度，而仍然存在极少数一些困难的学习者，可以通过教师针对性的点拨及后续训练，很快地掌握课程所讲的内容和知识点。

其次，利用智慧学习评价体系，教师还能够及时地了解学习者本身的优点及不足之处。例如，综合所有的科目成绩，教师可以发现学习者擅长的是哪些科目，对哪些科目又表现出学习积极性不高的现象，对学习者的兴趣爱好全面掌握，而后，可以在教学过程中，以学习者本身的个性为教学策略的设计根本，对于个性、风格不同的学习者有侧重性地进行不同策略的辅导，以发挥学习者本身的长处，当学习者在自身擅长的方面获得了一定成就感后，再引导其用长处带动短处，逐渐使各个学科的学习都获得成效，使学习者成为全面发展的人才。然而，在此过程中，教师和学习者之间的互动是十分重要的，教师可以从学习者的兴趣爱好入手，使沟通有一个顺畅的开始，与学习者建立亦师亦友的关系，让学习者对教师产生信赖感，这不仅有利于对学习者的引导，还能够激发学习者本身学习的热情。

再次，教师还可以利用智慧学习评价体系，对学习者的综合素养进行提高。校内所使用的智慧学习评价体系是由校方、教师等校内工作人员共同设计完成的，其设计的原则是该校的人才培养目标。在该体系中，教师可以掌握学习者观看教

学视频的时间、学习者对于教师布置的测试题或作业的完成情况和所获得的分数、学习者在课堂上解答问题获得的分数、学习者是否积极地参与讨论板块中发布的内容、学习者完成自我创作作品的状况、学习者在践行社会主义核心价值观方面所获得的成绩等，综合多方面的成绩，教师即可完成对学习者的一次全面性的评价。通过查看学习者全面考核的成绩，并对其进行具体分析后，教师可以看到每个学习者在哪些方面的成绩是比较突出的，而在哪些方面的成绩又是比较薄弱的，横向比较所有学习者的具体情况，就可以确定学习者群体是否达成了教学活动开展前所设定的综合素质目标。之后，就可以根据所得出的分析结果，适时调节教学方式和测评方法，以促使学生自主提升综合素质。这里对于成绩的分析，并不是单纯地追求个人的考试成绩，而是通过成绩这一表象去发现学习者的不足之处，而后通过引导、监督等方式，来帮助学习者改进不足之处，最后的目的是提升学习者的综合素养。

最后，教师还可以利用评价反馈体系，及时发现学习者潜在的或已经表现出来的心理问题，并及时进行干预，帮助学习者恢复健康的心理状态。在传统的教学活动中，教师往往更注重学习者的考试成绩，并且无论是学校、家庭还是社会，多数人都习惯了以成绩论高低，对学生的素质不是非常注重，也很少会关注学习者的心理健康。然而，近年来，随着学习压力的加大，学习者出现心理疾病的现象多有发生，且出现了很多让学校、教师和家长都十分痛心的后果，这也为教育行业特别是学校教育敲响了警钟，如果想要让学习者获得全面且健康的发展，心理问题是不可忽视的。在智慧学习环境下，教师可以利用智慧学习评价体系来对学生的心理情况进行检测。例如，通过分析课堂上的积分情况，可以发现哪些学习者对于课堂上以及包括互动在内的各项学习活动参与度特别高，哪些学习者对这些活动是秉持消极心理而没有积极参与的，对于这部分没有参与的学习者，教师可以跨课程追踪，总体掌握此类学习者对于所有课程的参与情况。如果发现严重的情况，教师可以及时与负责心理问题的教师进行沟通，而后与学习者进行沟通，找到让学习者困扰的问题，请专业人员对学生进行疏导和干预，并请家庭进行辅助，及时地解决潜在危险。同时，教师也要通过智慧课堂标记学生的情绪，对特别激动、言语过激的学生要重点标记，同时请专业教师对学生进行疏导。

（二）学习者的运用表现

智慧学习评价体系不仅对教师来说具有辅助教学的重要作用，且对于学习者群体来说，也具有不可替代的作用。

首先，与教师运用智慧学习评价体系相似的一点是，学习者可以通过对教师发布的习题的答题情况，更为清晰地掌握自己答题的正确比例，对自己的学习情况了解得更加清楚。此后，可以针对错误的部分进行具体的、详细的分析，如通过知识点、技能点的错误率，了解在整个课程中弱项的部分，针对这部分制定学习计划，并不断改善。如此就可以形成良性循环，使自己的学习能力获得巩固和提高。

其次，因为教师对学习者的评价是全方位、多角度的，所以从智慧学习评价体系中，学习者可以通过教师对自己评价的情况，清晰地知道自己的每一个分项所获得的评分和最后的综合评分。通过对分项评分进行分析，可以了解自己当前的学习与之前相比，是有所提高，还是有所下降。针对不足之处，可以倾注更多的精力去做提升，以完善自我；通过对课程综合评分进行分析，可以帮助学习者客观地认清自己学习进程中的综合表现情况，取长补短或以长带短，全面发展自己的综合成绩。

再次，学习者可通过所有课程及自身表现的综合评价体系，查看自己的综合素质得分，分析自己在综合素质上哪些方面有欠缺需要提高，哪些方面有特长需要继续发扬。

最后，学习者在评价体系中主要对比的对象是自己以前的记录，通过这种自我对比、自我激励使学习者挑战自我、征服自我、完善自我。

（三）教学管理人员对智慧学习评价体系的高效运用

在学校内，不仅教师和学习者可以利用智慧学习评价体系进行学习监督，教学管理人员同样可以运用智慧学习评价体系，对教师的教学情况和学习者的学习情况有所了解。

首先，通过定期查看、进行横向及纵向比较等方式，对于工作成绩和学习效果较为突出的班级，或者综合素质发展较好的学习者予以表扬。通过分析、总结了解教师教学的闪光点及学习者的发展路径，而后通过校内会议、教师之间的座谈会、论坛等方式，对其他相对落后的教师进行指导，推动课程改革，促使全校全面提升，进而构建符合学校人才培养目标及综合能力指标的人才培养体系。

其次，对于已经走入工作岗位的离校学习者，也可以继续进行数据的收集，将其加入评价系统中，这样做可以通过对已经毕业的学习者的工作岗位反馈情况，以及其在学校智慧评价体系中留存的综合素质评分情况，找出在工作岗位上表现较好的学习者的共性，包括其所具备的能力、综合素质等，而后对学院人才培养的目标及综合能力指标进行及时的调整，以培养出适合岗位需求的学习者。同时，通过分析已毕业学习者在岗位上的评价及综合素质评价，可以找出每届学习者的培养路径，进而对路径中每个关键点加以关注与分析，从而研讨出适合大部分学习者综合素养提升的培养路径，进而指导课程改革。

最后，教学管理人员要对每门课程成绩、同类课程不同教师授课的成绩、学习者的综合积分等进行客观评价和分析，注重将教师授课的闪光点放大，进而总结出适合不同课程的教学方法及学习者的学习方法，从而指导课程教学改革，使教师的教学能力得以提升，学习者的学习兴趣、动手实践能力得以提高。

二、操作性课程智慧学习评价的运用

首先，在项目实施的过程中有效运用课程实施手段，以闯关形式完成课程。按照每个项目下五个任务对应的学习产出测量表进行考核。知识点运用学习通过对学习产出测量表中知识指标进行考核，正确率达到考核标准算合格，否则重考；技能点＋态度点运用学习通＋线下根据学习产出测量表中态度指标和技能指标进行考核。每个项目完成后有对应的电子成果一人一套（作品源程序、学习通测试截图等），每个项目完成后测算出本项目总成绩。

其次，按照以学生为中心的反向设计方式，同时把每一次课均区分为课前、课中、课后三个阶段，每个阶段都有对态度点、关键的技能点、知识点的反向测评标准；班级按照 3～4 人划分为若干个学习小组，每个小组中至少分配一名骨干，充分运用学习通中各种活动进行参与式学习，此部分内容会计入每个任务的考核中。最后，每个项目中的每个任务均以闯关形态进行设计，以学生的学习效果为中心进行反向设计，并按照三级矩阵学习的产出测量准则进行态度点、技能点、态度点的阶段考核。测量表中几个关键点为：一是反向测评机制；二是技能点一票否决，即本门课中支持教学目标的各项关键技能都通过为及格，否则不及格，返回重修；三是积极分子未做到监督、引领和示范到位，同组连坐扣分。

第六章　智慧学习典型应用案例

本章内容为智慧学习典型应用案例，分别从 5G 技术与智慧学习的融合、大数据技术与智慧学习的融合、人工智能技术与智慧学习的融合、云计算技术与智慧学习的融合、虚拟技术与智慧学习的融合、元宇宙与智慧学习的融合六个方面进行阐述。

第一节　5G 技术与智慧学习的融合

一、5G 技术的概念及特点

（一）5G 移动技术的概念

5G 即"第五代移动通信技术"，在此之前，移动通信技术已经经历了 4 个发展阶段，分别是 1G、2G、3G 及 4G。因此，5G 技术不是突然出现的，它并非一种完全独立的、全新的技术，其产生的基础是前几代的通信技术，是对 4G 技术的一种改进。

5G 技术具有高速率、低时延和大连接等特点，是实现人机物互联的网络基础设施。其作为一种新型移动通信网络，不仅能够解决人与人通信，为用户提供增强现实、虚拟现实、3D 视频等更加身临其境的极致业务体验，还能够解决人与物、物与物的通信问题。

（二）5G 移动技术的特点

1. 速度快

当手机刚开始普及时，多使用的是 3G 技术，而当技术更新到 4G 后，人们可以明显地感觉到，使用 4G 要比使用 3G 时速度提高很多，无论是用手机下载一张图片，还是播放视频，速度都有很明显的提高。而 5G 的速度则要远远高于 4G，在使用 5G 后，VR 可以在手机上获得普及，使用 4G 体验 VR，速度很慢，效果很差，这主要因为使用 VR 至少需要 157M 的速度，而到了 5G 时代，就可以很好地体验 VR 等虚拟技术。

2. 泛在网

泛在网有两种层面的意思：一是广覆盖；二是深覆盖。广覆盖就是泛指人们社会生活中的所有地方，都要广覆盖，以前类似高山、峡谷、荒漠等人烟稀少的地方是不会覆盖网络的，但是如果使用 5G 技术，容易覆盖更大面积的区域。在这些地方部署了传感器，5G 就能够为环境监测、空气质量以及对地形演变、地震的监测等应用提供网络技术。而深入覆盖范围则是指在人类日常生活中，尽管已经有了网络技术部署，但仍然必须提供更高质量的深入覆盖范围。比如，现在我们已经有了 4G 网，可是一走进地下停车库就发现信号变得很差。如果等 5G 时代的来临，地下停车库等所有区域都会有非常好的 5G 网络覆盖，智慧汽车自动停车入库也能变成现实。某个程度上，泛在网远比高速率还关键，因为仅仅建立了一条在少数地区覆盖范围、速率都非常高的网，无法充分满足用户的业务感受，而泛在网才是 5G 带给用户良好感受的另一种基本保障。

3. 低功率

随着科技的不断发展，针对信息技术和智能技术所研发的可佩戴产品，也有了一些显著的进步，不过还是面临着不少瓶颈。例如现在在穿戴设备中购买率较高的智能手表，普遍存在能源消耗快的问题，有的产品甚至需要每天都进行充电，大大降低了使用的愉悦感。并且，随着频繁的充电，其储电能力也会下降。而在 5G 技术之下，因为其具有低功率的特征，所以再使用这些产品时会大大地降低充电频次，能够提升用户使用产品的愉悦感。这对于推进可佩戴产品的普及具有极其重要的作用。

4. 低时延

当人类在讲话时，就会让周围空气产生共振，声音也随之而传播，它的时间约为 140 毫秒。而新的全球电信协会的愿景则是让 5G 的时延达到 1 毫秒，或者少于 1 毫秒，这也是现在 4G 互联网技术所做不到的。

二、5G 技术与智慧学习融合的优势

因为 5G 具有低延迟的特点，所以 5G 技术能带来更为流畅的服务体验，使

我们的学习空间将不再局限于教室或者校园，学习会变得无处不在。人们随时随地都可以借助 5G 享受流畅的学习体验以及使用云端的各种教学资源。人们在实现线上学习时将会不再受传统计算机的影响，也不必再到处寻找免费的 Wi-Fi，因为 5G 技术能够给人类随时随地带来足够快捷的资讯传递服务。在家中或者是其他区域都能够通过物联网或者虚拟现实的技术，达到和真正的课堂相同的教学感受，这在 4G 或者 PC 网络时代是无法想象的。5G 时代，信息沟通更加迅速和便捷，为人工智能的大规模深度学习提供了重要条件，人工智能将开始应用于教学环节[①]。

5G 技术具有较强的移动互联网宽带、海量机器网络和高度安全低时延的网络环境等特点，将智慧教育科技与其紧密结合，并融入新一代人工智能、大数据分析、移动网络等新兴科技，为教师实时连接学校的现实空间与数字空间，以及优化教师与校园、社会资源的交互方式等方面开拓了新途径。无论是采用线上教学还是混合教学，在 5G 技术的支持下，都会变得十分顺畅。

三、5G 技术对智慧学习支持的表现

5G 技术在智慧学习领域中的支持表现是十分多样化的。

首先，可以让人们感受最深的是，借助于 5G 技术，可以有效制成可穿戴型设备，极大地降低卡顿的现象，让使用者产生更为流畅、更为真实的使用感受，能够顺利且快速地完成虚拟和真实教学空间的切换。

其次，在 5G 技术的支持下，智慧教育教学系统（平台）等智慧学习辅助手段的使用会更加便捷，其低延迟的特征，能够让位于云端上的各种教育教学资源的获取而变得更加简单、及时，也有效保证了教师课堂与学生学习之间的自然连续性。超强的互联网速度和数据吞吐量，不但为教师与学校的共用教育资源带来了速度保障，更得益于 5G 网络技术所提供的低延迟特性，为将 VR、AR、MR 等技术更好地融入现实教学情景中创造了无数可能性，大大改善了教师的学习感受，也提升了其对现实教学情景的认知。

再次，5G 技术不仅在技术层面上破解了智慧教育所需的由网络速度、师生交互、数据共享、教学体验、情景感知等所引发的关键问题，还实现了多情景应用转换、虚拟互动更顺畅、师生交流更有效的远距离课堂教学的无缝同步衔接和多种学习空间交互对接，进而真正实现跨越空间的教育；同时更能全面深入地获

---

① 左智科. 5G 时代应用型高校教学模式探讨 [J]. 丝路视野，2017（15）：1.

取整个教学流程中的所有教师和学生的数据，涵盖了上课学习数据、课下自习记录、线上学习数据、线下复习痕迹，从而真正地做到对教师与学习者的评价都有迹可循。

最后，以 5G 技术为基础，通过综合大数据挖掘、虚拟现实和人工智能等信息技术，学校教师可以实现对学习者在课堂上、自习和学习活动中表现的监督，进行智慧分类和判断、数据可视化信息管理和监测、数据化记录和评估，从而为更科学、精准地引导和推动智慧教育工作带来了帮助。同时借助移动网络可以随时将所收集到的数据上传至云端平台的各大数据中心，并根据这些所收集到的数据进行智能分类和管理。在教学过程中，教师就可以利用这些数据对学习者进行全面的分析，进而为自己的教学规划做指导，同时还能够根据这些数据中表现出的不同学习者的个性特征，采用智能化的方式布置课程作业。

四、5G 技术在智慧学习中的应用案例

（一）5G 技术下"微助教"的应用

1. "微助教"的功能

微助教，是由华中师大心理健康院系教授田媛和华中科技高校相关专业队伍于 2016 年发布的一个课堂教学交互轻应用工具。使用微助教无需下载单独的 APP，通过微信平台上的小程序即可进行操作，且界面设计注重便捷性，操作非常简单、方便。该应用工具提供了上课签到、课堂测评、课堂交流等多项教学交互功能，以游戏化思想引导学生积极参与课堂互动，以简单动作引导教师积极地开展课堂研究和创新，从而化繁为简，对症下药，提升了课堂效果。

在移动互联网技术的支持下，通过"微助教"，学习者可以使用移动设备在教学中登录、回答问题和探讨。学习者的出勤率、教学研讨、在虚拟讲坛发表、平时作业和小测试等都可记录下来，有利于教师对学生的整个过程实行长期考查，并做出最后一个发展性的评估。

微助教运用信息化教育技术手段，花费 5 分钟便能够协助教师搭建起一座智能课堂，实现课堂教师交流，大大提高了课堂效果。

2. "微助教"的应用

在一般高校中每次上课前老师都是拿着点名册进行点名，因为上课的人数比较多，所以每次上课花费在点名上的时间都比较久，但是因为课程的出勤率与成绩挂钩，所以老师不得不进行点名。在课堂上，老师展示教学资源和练习题的主

要方式也是通过电脑连接大屏幕来展示其所制作的 PPT，需要学生回答问题时也只能随机抽取，因为随机性较大、学习者的数量又比较多，即使到了学期末，也有很多学习者没有被抽取到。这种情况必须改变。当前，因为生活水平的提高和电子技术的高速发展，手机、Pad 等移动设备的使用已经变得非常普遍，大学生基本人手一台手机，有的还同时拥有 Pad，并且在绝大部分地区，移动互联技术已经由 4G 升级为了 5G，技术的升级解决了以往移动互联网络容易延迟、卡顿的情况，这也为各类软件、程序的使用提供了坚实的基础条件。基于这种情况，学校做出了教学改革，授课教师让学习者们用移动设备关注了微信平台上的一个公众号：微助教，并且引导学习者们进行注册登录（图 6-1-1）。在成功登录到微助教后，可以加入授课教师所设立的班级中，用电子的方式进行上课的签到活动，全部上课的人一起操作，花费很短的时间，就全部完成了签到，大大节约了课堂上的时间。并且，在当堂课程学习结束之后，学习者们还可以通过微助教，对教师上传的习题进行抢答，与以前相比，每一个学习者都能够抢到机会，大大提高了学习者学习的积极性。

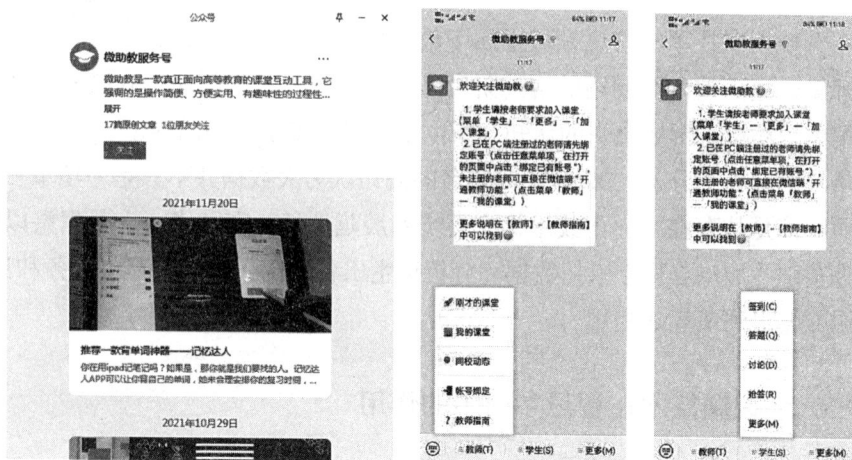

图 6-1-1　微助教公众号及功能

（二）5G 技术与创造场景教学

近日，工业和信息化部、教育部公布 2021 年"5G＋智慧教育"应用试点项目入围名单，名单中共有试点项目 109 个，全面覆盖了"教、考、评、校、管"等智慧教育中的关键性环节。例如在 5G 技术的支持下，学校可将传统的考试转变为智能考试。依托 5G＋AI、VR/AR、图像处理等技术，可实现智能在线考试、智能巡考监考、远程采集人脸数据、无感智慧化入场识别、智能辅助批改等应用。

在"5G+"技术的支持下还可以创造场景教学，与其他先进的信息技术结合，既能够使学习者产生身临其境的感受，还能增强学习的互动性。如利用"5G+全息投影"技术进行跨校区远程互动教学；开展"5G+VR/AR"教学应用，模拟高难度的、难以实现的场景教学；通过软件建立三维模型，可以将历史中的场景进行还原重现，与文字描述相比，这样的场景教学能够直接作用于学习者的视觉，而视觉感受要比文字的感受更深刻，学习者的记忆也就更深刻。除了历史场景外，在进行一些科普教学时，用语言描述无法被学习者直观了解，同样可以用"5G+VR/AR"表现出来，如深海、太空等。

第二节 大数据技术与智慧学习的融合

一、大数据技术的概念

"大数据"技术在信息领域中属于较为新兴的一种技术，目前尚处于逐步被人们理解、逐渐被广泛使用的初期阶段，而学界与行业之间对于互联网的认识也各有偏重，还没有形成统一的认知，所以很难对它做出精确的界定。

从技术层面上分析，如 IBM 等知名的公司认为大数据并不只是一项单一的技术，而应该是从存在的一个技术概念逐步发展延伸的一套技术。大数据是以海量数据为基础并加以分析，依托数据和分析衍生出各种高价值的产品、服务和见解，让数据能够得到最高效利用。

二、大数据技术在智慧学习中的作用

（一）整合效应

教育信息化在进行信息系统建设的同时，必须注重系统中的内容和数据的建设。而要使大数据的核心价值能够得以体现，这些数据必须处于"开放"的状态。不同学校、教育管理部门、教育培训机构等经过多年的信息化建设和沉淀，已各自拥有独特的教育数据资源，其中一些优势的资源被一部分主体所垄断。

随着信息技术的发展，信息化教育资源的应用越来越普遍，其需求量也越来越大，单一的信息化教育资源增长已经不可能满足需求端的增长速度，因此我们需要将海量的、高质量的、颗粒度较细的教育数据汇聚起来，让这些数据关联交互产生更高价值的信息，从而通过"开放共享"的模式来促进教育资源的增长，产生"1+1＞2"的规模效应。大数据的应用已经引起了教育领域的量变，并为其质变提供了必要条件。

（二）降噪效应

我们正处于数字时代，互联网的飞速发展使数据呈现出了海量增长的现象，但是，因为数据增长过快，人们自身对于数据真实性的辨别技能却并没有跟上数据的增长速度，对于人们来说，这些信息中的绝大部分，仅是噪声。但是，大数据技术具有分析功能，通过分析能够对信息进行辨别，这种功能即降噪功能，这个功能在教育中也经常被用到，例如基于大数据分析与长期的结果验证，大数据学情分析模型被不断优化，我们可以根据模型从海量的学习者相关数据中自动挑选出有效数据加以精准分析，"噪声"数据被自动舍弃。借助大数据挖掘手段，我们既提升了学情统计分析的准确度，又提高了统计分析的实效性，可以透过日常统计分析迅速、精确地刻画学习者特征、了解学习者的学习需求、对学习者的学习过程进行有效引导，并对学习者的学习成果进行评价。

（三）破除效应

因为技术标准制度的不完善和没有信息化协调发展制度，全国各地、各层次的教育网络系统在数据标准、连接技术标准等领域不够协调，互动性不够，信息技术孤岛现状突出。这也需要大数据技术对教育行业内部和行业间的"数据孤岛"现象进行科学处理。引入大数据分析技术的主要目的就在于统一企业异构数据、突破数据壁垒，以完成企业与政府各部门数据之间的互联互通和互利互惠，使数据更易保存应用的同时，赋予数据智慧的属性。例如，学校系统可以和社会招聘系统的数据系统互联互通，通过当下社会需求的分析，合理配置专业和教学资源，正确引导学生创业就业。

三、大数据技术在智慧学习中的应用案例

（一）在学习及教学评价方面的应用

在大数据技术的支持下，教育教学过程中所发生的数据都能够被记录下来，通过对这些数据进行分析和运用，就可以让教育的价值变得更大。大数据技术在

智慧学习环境下的应用，可从学习者和教师两个角来分析。

对学习者而言，借助互联网进行学习已经成为一种习惯，而学习者在互联网上所进行的任何学习活动都会形成数据，对这些数据进行分析，就可以从中发现隐藏于这些数据背后的学习者的学习特征、兴趣爱好、行为倾向等，从而实现全面的学习评价，为实现精准的个性化教育提供坚实的基础。

对教师而言，利用基于大数据技术的相关软件，就能够记录教师的成长历程，并提出有待改善的地方，让教师不断进步。例如 KickUp（图 6-2-1），它是一个专注教师测评的标准化 SaaS 工具，测评数据来自教师的自查报告及学年内的各项教学结果的反馈。KickUp 会根据使用者所在地区的情况及该地区学生和教师的数量，分别收取不同的费用，目前全美有超过 50 个地区的学校在使用这款测评工具[①]。KickUp 可以将教师的培训结果可视化，并从个人教师覆盖至学校甚至是整个地区，并依据各项培训的数据，形成可分解且可视化的报告。

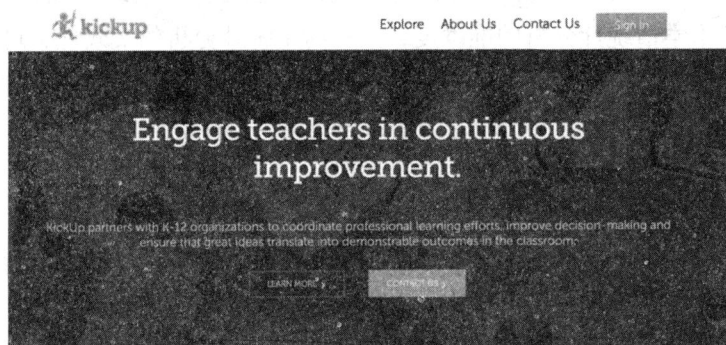

图 6-2-1　KickUp 系统页面

（二）在实现教学个性化方面的应用

利用大数据技术，能够使学习和教学的个性化变成现实。例如，美国科罗拉多州所使用的"教育信息系统"，就以帮助学校改进教学模式、帮助学习者获得学业上的成功为目标，计划收集学校、教师和学生的所有信息。"教育信息系统"收集的所有信息还可以与国家数据库产生交互，进而使教师获取的数据更加全面，从而能够通过大数据的分析，形成针对性更强、更高效的教学设计和方法，提升教学质量。

---

① 张骞，葛玲. 基础教育的大数据赋能与现代化之思 [J]. 决策与信息，2021（7）：7.

第三节　人工智能技术与智慧学习的融合

一、人工智能技术的概念、内涵与特征

（一）人工智能技术的概念

人工智能（简称 AI）能够在对人类的智慧进行模仿的同时，进行延续与拓展，它是一个综合性学科。从终极目标出发，人工智能将生产出可以像人那样行动、思考的机械。所以，人们对人工智能的认识可以包括以下两个方面：一方面，人工是为某个目标而设计并产生的、可被人操控的物理过程；另一方面，智能也是新一代人工智能的核心范畴，对智能的认识将确定新一代人工智能的主要研究方向与实现路径。

（二）人工智能技术的内涵与特征

1. 进行智能信息检索

人工智能可以将信息检索工作智能化。利用人工智能信息检索系统的技术特点，既可以减少人工检索带来的失误，也可以大大提高检索工作效率，使信息获取工作更加准确和细致，让原本很难完成的工作在人工智能技术的帮助下得以完成。

2. 处理复杂数据

人们普遍认为人工智能设备是可以模仿人类大脑思考活动的一个智能手段，而实际上人工智能设备不但拥有超强的记忆能力，以及高超的逻辑解析能力，还可以自行处理许多复杂的数据问题。人工智能与大脑同样拥有复杂的神经网络构造，如果出现了棘手的问题，它将会运用超强的记忆力，对问题做出逻辑推理与智能分析，从而快速得到解决问题的方法。目前，人工智能相较于人类本身的思维能力还是略逊一筹的，但人工智能拥有人类无法比拟的强大记忆力和复杂数据的处理能力。

3. 识别各种模式

如今，人们的交流沟通基本借助网络或电子设备来完成，这就需要通过人工智能将网络或者电子设备上的各种信息进行识别，然后将识别后的信息告知用户，用户才能进行正常的沟通与交流。一些生活中常见的社交软件都会设有语音识别功能，人们网络交流的手段已经不再局限于文字表达，还可以通过各类 APP 上所

带的功能直接输入语音，软件会直接将语音转换为文字，极大地提高了交流的便利性。这个功能依赖的就是人工智能识别技术。人工智能识别技术的应用给人们生活、工作带来的便利还有很多，这也让我们对人工智能的发展有了更多期待。

二、人工智能技术在智慧学习中的作用

（一）提高教育信息素养

从本质上来说，人工智能的最核心功能就是对"知识信息"进行智能化的处理，对知识信息进行形式化的表示、自动化的推理，实现智能化的教学或创造。

（二）提高学习者的思维能力

运用人工智能信息技术开展课程，一方面能够使学习者体验、了解人工智能知识和技能，另一方面也能够提高学习者对处理非结构化、半结构化问题的能力，从而训练学习者多角度思考的能力。学生通过了解处理复杂问题的思路和方法，从而得到自身思维能力的提升。

（三）提高教学的质量和效率

在开展教学活动时，运用人工智能技术能够起到有效提升教学质量的作用。有别于传统教学方式中靠讲述为主的教学方式，人工智能技术通过对学习者的需求进行智能分析，可以为学习者提供多样化的学习资料和数据，如文字和图片相结合形式的资料、视频资源等；其还可以通过智能化的特征，为学习者模拟数据变化的过程和预期的结果，让学习者能够更容易理解和掌握所学的每一个知识。此外，利用人工智能技术进行教学，可以有效地提升课堂教学的效率。例如，计算机借助于人工智能技术，可以手动协助教师进行一些常规化的教学基本工作，使教师将更多的精力关注到教学的流程与活动方面，通过减少教师的操作量提升课堂效果。

（四）提高教学的个性化和交互性

智能代理与智慧教育系统的广泛使用，为教育流程的个性化、交互性提供了科技基础。智能代理技术能够按照要求，主动、迅速地在网络信息中找到和获取各种所需要的信息，可以缓解信息检索精度要求低下的大范围信息检索问题。借此，人工智能在教学过程中可以起到提高教学的个性化和交互性的作用。教师通过人工智能技术能够做到因材施教和更高效地进行教学，学生则通过人工智能技

术很方便地获取有效知识。

三、人工智能技术在智慧学习中的应用案例

（一）学习智能机器人的应用

学习智能机器人是主要采用人工智能技术制作的，具有辅助教学作用的机器人。它虽然没办法完全和人相比，但是却可以代替教师执行一部分机械性、重复性的教学工作，使教师拥有更多的时间去处理较难处理的事务，缓解教学压力。

学习智能机器人的数据库中有知识库和交互数据。知识库中的知识包罗万象，涉及多门学科，其大致可分为三类：学科知识、学习资源和关系知识。学习智能机器人主要有两个功能：批阅作业和个性化定制作业。它能够根据知识库中的数据对作业进行批阅，并且还能够保证批阅的准确性；交互数据则存储了给学习者批阅作业时的行为数据，收集了学习者与学习智能机器人的交互数据，并且通过对这些数据的分析，能够实现对学生认知的诊断。根据诊断的结果，学习智能机器人可以结合自身知识库中的知识，智能地为学习者定制作业，让学习者实现个性化学习。

（二）智能安防系统的应用

无论是哪一阶段的在校教育，都离不开校园这个大环境，校园不仅是学习者群体开展学习活动的主要场所，也是生活的场所。所以说，校园的安全性关系着学生的身心健康，仅依靠摄像头和保安人员已经不能满足现今多变的社会环境。智能安防系统能够提供智能化、定制化等监控管理功能，它包括了人脸识别门禁系统、车辆出入识别系统、GPS定位跟踪系统、智能停车系统等诸多子系统，可以对整个校园的情况进行实时监控，能够识别校园常出入的车辆和来访车辆，可对来访车辆推送最佳行进路线，发现异常车辆时能够实现实时跟踪定位，保证校园的安全，实现校园管理的智慧化。

第四节　云计算技术与智慧学习的融合

一、云计算技术的概念、内涵与特征

（一）云计算技术的概念

关于云计算的定义比较常见的有以下几种。

第一，维基百科给云计算下的定义：云计算将相关的能力以服务的方式提供给用户，允许用户在不了解提供服务的技术、没有相关知识以及设备操作能力的情况下，通过互联网获取所需服务①。

第二，工业与信息化部电信研究院的定义：云计算是一种通过网络统一组织、能够灵活调用各种ICT（信息、通信和技术）信息资源，实现大规模计算的信息处理方式。云计算利用虚拟化、分布式计算等技术，通过网络将分散的运行平台、计算与存储等ICT资源集中起来形成共享的资源池，并以可度量和动态按需的方式向用户提供服务。用户可以使用各种形式的终端通过网络获取ICT资源服务②。

第三，美国国家标准与技术研究院（NIST）将云计算定义为：云计算是一种按使用量付费的模式，这种模式提供可用的、便捷的、按需的网络访问，进入可配置的计算资源共享池（资源包括网络、服务器、存储、应用软件、服务），要想快速获取这些资源，只需投入很少的管理工作或与服务供应商进行很少的交互③。

（二）云计算技术的内涵与特征

1.云计算技术的本质

云计算技术的本质，可以归纳为利用互联网创造可延伸的廉价的分布式计算能力。而云技术包括了两个层面的意思：一个是商业层面，即所谓"云"；二是在技术层面上，即"计算"。云计算技术能够把各种资源聚集一起，使用户在使用时能够自主调度资源，从而帮助不同的应用正常运转，不再被技术细节问题所困扰，进而专注于对自身服务的计算。

云计算由于将计算结果分发到大规模的分布式网络计算机系统上而不是在自己电脑或远程服务器设备中，从而使各应用单元都可以把运算资源转移到所需的

---

① 索南旺姆. 云审计——高校内部审计信息化的发展趋势 [J].甘肃高师学报，2017（12）：78-82.

② 谢耀华，付建胜，祖晖. 云计算技术及其在交通领域中的应用 [J].公路交通技术，2014（06）：84-87.

③ 邓振华. 高校财务信息化应用研究 [J].合作经济与科技，2015（09）：160-161.

应用上，并按照要求接入计算机系统和储存管理系统。这就好比从旧式的单台发电机管理模式变为了电站集中供应的管理模式。它表示计算能力也可当作某种产品进行流通，就像煤炭、水电那样，获取便捷，收费便宜。最大的差别就是，云计算能力是通过网络而并非借助有形的管道进行的。

2. 云计算技术的特征

资源池：将计算资源聚集到一起，并采用多租户模式服务于众多消费者。在物理上，资源以分布式的共享方法产生，并最后在逻辑上以一个整体的形态提供给所有使用者。

按需求定制：使用者能够按照自己实际需要，利用互联网便捷地完成计算能力的请求、分配与调度，服务商能够有效实现网络资源的分发与利用。

快速弹性：通过服务商的计算能力，即可迅速而弹性地完成产品供应。服务器还能够按照接入使用的数量，增减相关的 IT 资源（包含 CPU、内存、宽带和软件使用等），从而导致资源使用的规模能够动态地调节，符合应用和用户规模变动的要求。

广泛的互联网访问：用户不需部署相应的复杂软硬件设施与应用，直接使用网络或公司的内部网访问即可得到云中的计算资源。

二、云计算技术在智慧学习中的作用

（一）有利于师生之间的交互

云服务最大的优点是简洁易用。不用构建复杂的工作环境或是安装巨型应用软件，也能够把项目放到云端来操作，或者在线办公。教师可在课前将预习任务和材料上传至云平台，学生随时随地通过自己的移动终端获取预习材料进行预习。与此同时，学生学习的时长、内容、正误率等信息可被教师及时获取。

（二）可以降低成本

学校目前的数字化教学资源共享工程中的成本，大部分来自初期服务器、终端和互联网接口等设施的采购、日常系统运营及维修和基础设施更换等花费。如果把各院校的数字化教学资源共享建设建立在云计算技术和服务的基础上，就能够把繁重的教学资源共享网络平台构建、服务器的安装、数字化教学资源的保存和管理等工作都交由云服务提供商，而不需大量的硬件支持，甚至是零投入。此外，由于云计算技术对应用端的设备需求非常低，所以学校原来使用的客户端基本不需要做额外的升级，就可以使用云服务。

（三）促进实现精准教学

授课过程中学习者通过移动终端与教师进行互动，学习者在回答教师布置的习题或测试时所花费的时间长短以及正误率等信息，也会及时反馈至教师终端，教师能够准确掌握学习者的学习情况，进而对其进行有效的辅导。另外，利用云计算技术，可以对学习者学习与生活等各方面信息进行收集、整理、分析，了解其生活与学习背景、学习风格、喜好等，教师可以结合所获得的多方面信息，为学习者提供符合其个性化需求的教学服务和学习资源。

（四）保障数据安全

智慧校园内要达到高效互联、物联，其涉及的数据十分庞大。如果某个方面遭到了破坏，如存储数据使用的硬盘出现了损坏导致其无法使用，或者受到了病毒攻击导致数据出现缺失等，其维护工作将十分复杂且缓慢，这对于智慧校园软硬件设施及网络维护人员来说也是巨大的挑战。基于云服务，学校不需要花费大量的人力、物力、时间对软硬件及网络系统进行维护，存储于云平台上的数据安全性具有足够的保障，校方无需再为存储工具出现问题所导致数据被破坏而担心。

三、云计算技术在智慧学习中的应用案例

（一）云课堂系统的应用

云课堂是一个具有教学资源管理、流媒体播放、课程管理、学习过程监管、在线学习中心、个人空间、云端教室支持、开放接口等功能的基础数据管理与课程授权系统[1]。目前，我国很多高校都在借助云课堂系统来辅助教学。云课堂系统面对的群体主要为教师和学习者，针对这两个不同的使用者群体，设计了不同的功能。例如，学习者登入学生端后，可以登录课堂、选择课程、课程学习、在线作业、在线测验、在线讨论，并查看时间统计和学习者分析，对自己的学习情况有一个详细且全面的了解。而授课教师，在登录教师端后，可以对学习者所拥有的功能进行管理外，还可以使用系统内附带的云盘进行存储，并且还可以对课程进行个性化设计。

教师登入云课堂系统后，可以结合当下所讲授的课程发布与之相关的作业，

---

① 苑亚坤，韩梦丽. 高校自主学习平台探究——以华中师范大学云课堂为例 [J]. 软件导刊（教育技术），2016，15（06）：83-85.

还可以利用系统现有资源或查找扩展资源的方式进行组卷，向学习者发布测试试卷。学习者登入云课堂系统后，能够在任意时间任意地点，查看教师所发布的教学课件，还能够获取与学习相关的直接资源和扩展资源。在学习的过程中可通过讨论区发帖与同学和教师进行讨论或问题求解，通过聊聊功能可以实现即时聊天。针对教师发布的作业和测试卷，学习者可以在线查看，并利用相应的功能提交作业或进行测试，并获得教师的反馈。除了在课外时间外，在课内时间云课堂系统也能发挥作用，例如，教师可以在课内时间中登录云课堂系统，向学习者发布随堂测试题，学习者登录学生端采取在线的方式回答教师所发布的测试题，其数据会即时反馈到教师的终端。通过学习者答题所产生的数据，教师可及时准确地了解每个学习者当下对课程内容掌握的程度，而及时地对课程的进度进行调整。

学生在使用云课堂的同时，平台会记录学生各项操作行为信息，包括学习进程与时长、参加讨论频率与时长、测试与作业完成的时长及准确率等，教师基于一系列数据对学习者进行精准分析并在课后给出个性化的作业及测试，这一系列数据也将会成为教师考核学生的重要参考。

（二）在校园数据共享方面的应用

云平台是利用云计算技术所建设的网络存储平台，用户可以随时登录云平台取用所存储的数据，或者对数据进行管理。虽然用户可以随时取用数据，但实际上数据具有唯一性，其保存在云服务器上。这个唯一性指的是数据仅有一份，这就方便了不同用户的使用。只要用户所使用的设备能够连接上校园内的网络，即使多个用户在同一时间内登录，也能够完成存储数据的读取，是真正意义上的数据共享。利用云平台的这一特征，校方能够最大限度地节约在存储硬件方面花费的资金，且可以提高资源的使用效率，实现校园数据的共享。

第五节 虚拟技术与智慧学习的融合

一、虚拟现实技术及增强现实技术

（一）虚拟现实技术

1. 虚拟现实技术的概念

虚拟技术就是利用对已有的 CPU、硬盘空间、内存空间等计算机系统资源加以合并或分组，产生一个或许多高于原来资源配置方式的运行环境，从而进行的一个全新的资源访问方法的技术开发。在教育领域中，虚拟技术提到比较多的有虚拟仿真与虚拟现实（图6-5-1）。

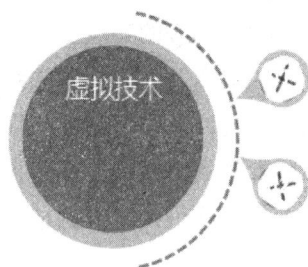

虚拟仿真：是将仿真技术与虚拟现实技术相结合，在多媒体技术、仿真技术与网络通信技术等信息技术的基础上，用一个系统模仿另一个真实系统的技术，是一种可创建和体验虚拟世界的计算机系统的高级仿真技术。

虚拟现实：是指通过多媒体技术与仿真技术结合而生成逼真的视、听、触觉一体化的虚拟环境，使用户与虚拟环境中的客体交互作用，从而产生身临其境的感受和体验。

图6-5-1　常用的虚拟技术

随着信息科技的迅速发展，人类为满足对未来信息社会的需求，不但要求人们能够借助打印输出设备或显示在屏幕上的小窗口去看到信息处理的成果，也期望人们能够借助视觉、听觉、触摸以及形体、手势等加入到信息管理的工作环境中，并通过构建一种多维化的综合信息集成工作环境，从而给人们身临其境的感受。而虚拟现实技术（简称 VR）正是支撑着这种多维信息空间的新技术。在1992 年 3 月，美国国家自然基金会聘请了专人与学者研究在这一应用领域的研究方向，其总结研究报告提议利用"虚幻环境"取代"虚拟现实"，尽管这一提议更具权威性，但时至今日，科学界仍广泛运用"虚拟现实"这一用语。

虚拟现实，通常是指通过使用数据手套、头盔显示屏等各种新型的交互式设备，构建出用于感受或认知虚幻境界的各种计算机软、硬件环境，而用户则通过这些高级设备和自身的特殊技能（如头的转动、身体的运动等）向计算机环境发送各类命令，从而获得环境中对用户视、听等各种感觉的信息反馈。从实质上来说，虚拟现实系统是一个先进的计算机用户接口系统，它由于向用户同时提供了包括视、听、触等多个直观而又自然的信息感知与互动手段，以最大程度地方便了用户的操作，进而降低了用户的心理负担，从而提升了整体系统的效率。

2. 虚拟现实技术的特征

建立虚拟现实体系，为了使人类能够在虚拟环境中产生足够的真实感，并且能够和在虚拟环境中的虚拟对象进行互动，就需要掌握抽象和复杂的人体知觉特征。据科学分析与计算，在人的知觉体系中，占据首位的是视觉，通过"看"人类能够获取的信息内容，至少能够达到整体知觉系统感知的 60%；"听"紧随其后，借助于听觉器官，人能够获取的信息至少能够达到整体知觉系统感知的 20%；其余的信息获取感知方式，还包括触觉、嗅觉、味觉、脸部表情及肢体动作等。利用人类的这些直觉特征，虚拟现实技术可以让身处虚拟环境中的人，产生全面的感知。具体来说，虚拟现实技术具有如下特征。

（1）交互性

交互性，是指使用者对虚拟使用环境内物品的可使用程度以及从周围环境中获得回报的自然程度。因此，使用者就能够用手指去直接地捕捉虚拟环境中的物品，虽然这时用手指有握着物品的感受，并且也能够感知物品的质量，但其实这时手中的并不是真的物品，而视场中被捕捉的物品也立刻随着手指的移动而移动。

（2）沉浸性

沉浸性，是指使用人员在由计算机所创造的三维空间虚拟现实环境条件下处在一个"全身心投入"的感受中，使用虚拟技术创造出来的环境，可以让身处其中的人产生真实的感受，所有在该环境中看到、听到、感受到的，都会让人以为是真的。也正是这种沉浸性的特征，才能够让使用者产生自己是虚幻自然环境中一员而并非旁观者的感受。在被虚幻的景色所环绕的场景中，可以如同在现实场景中一样，随处观看，到处行走，和其中的虚拟人物和物品进行有效的互动等。

除以上的特点之外，虚拟现实还具备更多感知特性。多感受，是指除一般因计算机技术而产生的视觉感受以外，尚有听力感受、力觉感受、触摸感受、运动感觉，乃至还有味觉感受、嗅觉感受等。

（二）增强现实技术

1. 增强现实技术的概念

增强现实技术是在虚拟现实科技领域中形成的一种崭新的科研方向。虚拟现实注重于沉浸体验，需要让人感到和所处的真实自然环境彻底相互隔绝；增强现实也处于虚拟现实要求的弱化范畴，它使得用户需要在观看虚拟现实环境的时候，还可以进一步了解所在的真实世界。而增强现实则作为对真实世界要求的一个补充与提高，其终极目标是让使用者真正置身于一个相互融合的自然环境之中，无法区别真实与虚幻，而使用者所感受的也只是一种将真实和虚幻相互融合的独立存在的增强境界，并由此丰富使用者对真实世界的认识。

2. 增强现实技术的特征

增强现实具有三个主要特征。第一，真实世界与虚拟世界要求在三维空间上加以整合；第二，具有实时人机交互功能；第三，增强特征适用于所有感知通道，不仅有景象，还应包括声音等；既可以增强，也可以使用增强技术实现削弱，如使用掩盖图像和掩盖声波技术等。

二、虚拟技术在智慧学习中的作用

在智慧教育的实践中，虚拟技术及增强现实技术主要有以下几个方面的积极作用。

（一）让课堂知识更加立体化

相比于传统教学中知识的扁平性，虚拟现实教学表现得更加立体。将虚拟现实技术引入课堂，在进行人与机器的互动、人与人沟通的同时，使课程更加游戏化、情景化，切实实现寓教于乐，增进沟通、认识表达和知识运用。

虚拟现实技术可以创建真实的情景，并进行生动的高互动设定，学习者可以在这里表现出很大的动机和参与性。除了问题处理之外，学习者也在虚拟现实中进行教学，常常伴随着人物的扮演。学习者被给予了明显的社会人物角色，特别是青年学习者常习惯于这种自我表现方法，并会借助社会人物表现所思、所想、所感。更关键的是，这些学习体验也会启发学习者的创意与想象力。

（二）拓展学习的多维空间

虚拟技术彻底突破时间和空间的束缚，减少时间和空间造成的意识阻碍。大至星球星体，小至分子微粒，学生均能利用虚拟现实完成研究。一个必须花费较长时间才能看明白的事物变化过程，利用虚拟现实技术就能够在很短的时间内让学习者看清楚。而利用虚拟现实技术，以往仅仅借助书本了解到的东西如今也能够向人直接呈现，提供给学习者沉浸式感受。而运用虚拟现实技术建设出来的虚拟教育实习基地中的虚拟教育装置与部件可以按照需求随意改变，训练内容也能够不断更新，让实际的练习过程与时俱进。

（三）使学习者可泛在且高效地学习

使用虚拟仿真实训平台，能够让学习者由以往在固定时间内做固定试验项目的情况，转变为可以使用平台随时、随地自主进行各种各样的试验项目；除了通过学习者个人或团体协作的方法进行设计和竞赛，可以自由选择练习周期，按不同的学习时间完成教学内容外，还能够重复练习，敏捷度高，从而达到高效教学。平台将对学习者的各种学习状况进行记录，以供教师对学生的学习效果做出评价，从而符合智慧教育的要求。同时，通过在各个教学网络上或终端，由教师及时发布课程的有关材料供学员了解和掌握，而 IUV 的在线开放平台则可以即时更新有关的课程视频和材料，让学员能够在任何时候进入教学网络平台练习和提问，并处理各类问题。此外，还通过采取虚拟仿真训练的教学模式，提供了独特的实习教学或作业环节，让远程如"二元制"的学习者，直接利用教学互联网就能够在虚拟仿真平台上完成实践操作技能训练，增强了实践性课程的重要性，更有力地培养了学习者的实践操作技能。

三、虚拟技术在智慧学习中的应用案例

（一）思政 VR 实践教学中心

在传统的课堂上，教学活动是比较乏味的，教师主要以讲授的方式进行授课，学习者用看与听相结合的方式来接收知识，十分被动，容易让学习者产生被强迫的感受，这种情况下部分学习者容易失去学习的兴趣和动能。科技的发展让人们摆脱了乏味的传统教学模式，较具有代表性的是多媒体技术，其为人们提供了更多样化的展示手段。它与教育行业的融合，使教育摆脱了传统课堂乏味的原状，在教室内开始出现了多媒体可视化设备。通过图片、视频的播放，让课堂教学活动变得更加多样化。如今，我们进入了数字化时代，5G 技术的普遍应用，让虚拟仿真教学设备和资源可以走入课堂中，为学习者带来全新的、沉浸式的学习体验，这种类似游戏一般的学习过程，极大地提高了学习者群体的学习兴趣。而从思政课的方面来讲，其与其他课程相比，更容易让学习者产生教条主义、乏味的印象，基于课程本身性质的原因，授课教师也很难采取生动活泼的方式进行讲授，这也导致出现了学习者对于此门课程的学习热情十分低下的现象，且这种现象在学习者群体中是十分普遍的。而利用虚拟仿真技术，我们就可以彻底改变这种现象，利用虚拟环境调动起学习者学习思政课的兴趣，充分发挥其主动性，提升思政课的教学成效。

思政 VR 实践教学中心是一种以思政数字化教学资源、VR 教学资源为教学内容载体的专用多媒体教学环境。在思政 VR 实践教学中心进行教学活动，无论是教材还是扩展资料，都更加充满趣味性，学习者通过虚拟的场景进行亲身体验，让原本枯燥的思政课程变得生动、活泼，有效地促进了课堂教学效果的提升。

在思政教育 VR 体验馆之中，学习者可以使用多媒体设备及 VR 设备进行思政课的学习。在 VR 技术的支持下，授课过程可以使用文本、动画、视频、VR 虚拟场景等多种形式进行。而因为其不同于传统课堂，需要运用到 VR 技术，所

以对于场馆的设计就提出了较高的要求，具体包含以下几个方面的内容。

第一，使用 VR 技术进行授课，需要特别设计场景，但因为体验馆的作用是进行授课，所以在设计时不能无中生有，需根据真实场馆或遗址进行具体设计。

第二，授课的主体是学习者，在传统授课方式中，思政课的课堂教学效果一直比较差，所以，即使采用了 VR 技术，也不能完全脱离授课主体，而应以学习者的体验感为核心进行功能的设计。在体验馆中，可充分发挥 VR 技术的虚拟特征，让学习者产生一种沉浸式置入的感觉，并且还可以以不同的视角和线路进行参观学习。这与教条式的灌输授课方式相比，更容易加深学生的记忆。

第三，虽然建立了三维场景，但是如果其真实度不高，还是会让学习者产生劣质的感受，这会降低学习者的沉浸感，严重影响学习者学习的积极性。所以，在场馆内三维场景的设置应具有较高的真实性，展品的内容也应丰富且形式多样。

第四，与平面的展示方式不同，在 VR 体验馆中，人的感受是全方位、立体化的，因此在设计时，可以充分地利用文本、图像、视讯、背景音乐、语言等各种媒介，以多渠道展示信息内容。

第五，教学资源中的图片以及文字，与能够拿到手中的书本不同，虚拟状态之下很容易看不清楚，所以尤其需要注意其中图片和文字的清晰度，视频也需依据知识点剪切成微片段嵌入相应的位置中。

第六，对于新兴的科技来讲，操作便捷且符合多数人的生活习惯和审美取向是十分重要的，在 VR 体验馆中，用于操控设备的系统界面，设计应贴合主题、美观大气，并且需包含展厅切换的按钮、视音频链接热区以及讲解语音切换的元素等。

（二）中职汽修虚拟仿真实训教学

"汽修虚拟实训课"即"面向实训课堂的汽车虚拟教学互动体验"。对于注重实操的课程来说，以往最为困难的部分就是操作教学的部分，通常学校能够提供的教具数量是有限的，可能很多人使用一个，且体验感也不强，学习者也没有足够的条件去进行实际操练。而利用 VR 技术进行教学，则能够让学习者产生身临其境的真切体验感。

在 VR 技术的支持之下，学习者可以产生身临其境的沉浸感，只需借助计算机，就能够完成车辆的拆装、配件的修理、日常维护等训练工作，并且具有真实感，这种实践性的操作可以帮助学习者全面掌握整个流程，并熟练地掌握修理技能。运用虚拟实训技术，无需大面积的教室和足够的真实汽车，就可以让学习者掌握汽车修理技术，彻底解决以往因为教学环境和条件限制导致的实训效率差的问题。

第六节　元宇宙与智慧学习的融合

一、元宇宙的概念、内涵

元宇宙是"meta"和"universe"合成的单词，meta 意为"超越、超脱"，具有超越性和变形性，universe 意为"宇宙、世界"，具有现实世界的属性。"元宇宙"被称为第三次互联网革命，2021 年被称为"元宇宙"元年，目前"元宇宙"并没有一个公认的权威定义。清华大学新媒体研究中心发布的《元宇宙发展研究报告2.0》显示，元宇宙是整合多种新技术产生的下一代互联网应用和社会形态，它基于扩展现实技术和数字孪生实现时空拓展性，基于 AI 和物联网实现虚拟人、自然人和机器人的人机融生性，基于区块链、Web 3.0、数字藏品/NFT 等实现经济增值性。在社交系统、生产系统、经济系统上有虚实共生，每个用户可进行世界编辑和内容生产。[①]

二、元宇宙的特征

国际学术界对元宇宙属性的描述大致可归纳出六个特征。第一，虚实融合，通过连通性最大化缩小虚拟世界和现实世界的距离感。第二，超越自我，元宇宙能够让用户重塑自我，塑造更具魅力的"阿凡达"形象，穿梭于异次元世界。第三，虚拟分身重视体验而非理性，在元宇宙中，用户可以利用无限的资源，通过无尽的实践去创造和体验多样的人生，具有游戏性，沉浸感较强，最坏的情况不过是从头再来。第四，线上线下一体化，用户根据个性化需求在虚拟与现实中自由切换，每个用户只能拥有一个身份，可以随时随地进入元宇宙世界学习、工作、生活等。第五，用户管理可视化，元宇宙内一切关于用户的信息及活动都可以随时查询、共享。第六，用户思维表象化，元宇宙为用户提供完整的沉浸式体验模态，能够让用户实现"可想即可尝试"的抽象思维表象化过程。[②]

① 腾讯网. 清华大学：元宇宙发展研究报告 2.0[EB/OL]. https://new.qq.com/omn/20220124/20220124A08Q2A00.html, 2022-01-24.
② 胡辰洋，于昌利. 韩国教育元宇宙的内涵、实践与启示 [J/OL]. 阅江学刊：1-10, 2022-03-11.

三、元宇宙在智慧学习中的应用案例

元宇宙与"互联网+"、人工智能、虚拟现实技术等内容密切相关，也与教育关系紧密，是智慧学习绕不开的研究主题。元宇宙在新冠疫情之下已在教育中应用，全球顶级 AI 学术会议之一的 ACAI，把 2020 年的研讨会放在了任天堂的《动物森友会》上举行；中国传媒大学为了不让学生因为疫情错过毕业典礼，在沙盘游戏《我的世界》里重建了校园，学生化身成为游戏人物形象齐聚一堂完成仪式。韩国产业技术大学借助"未来虚拟现实实验室"（Future VR Lab）开展了电磁学的授课；2021 年 5 月 29 日，首尔大学医学院融合元宇宙技术，演示心血管及胸部外科手术，之后不久，便正式提出将元宇宙概念融入"医学 IP VR"技术，用于讲授身体结构与解剖的"3D 影像软件与 3D 印刷技术的应用实践"课程。[①] 在元宇宙最活跃的教育领域，首尔市政府将创建首尔开放城市大学的虚拟校园。此外，Seoul Learn 将为习惯于虚拟世界环境的青少年提供各种沉浸式内容，例如讲座、导师计划和招聘会。[②] 新兴技术聚合正引领智能学习环境由线下到线上，再到线下与线上深度融合的方向发展，元宇宙为探索智慧学习环境提供了全新的视角。

教育部在线教育研究中心学术委员会委员、清华大学学堂在线总裁王帅国认为，元宇宙是"数字孪生"与"虚拟世界"的兼得和交汇。元宇宙特别适合运用于沉浸式学习，它给学生创造了更身临其境的学习空间。如以学习历史为例，元宇宙技术下的课件、教材可以不局限于书本、幻灯片，学生可以自己行走在古代街头，见证那时的社会风俗，甚至能够和杜甫吟诗作对。元宇宙的另一重要作用是节约教育成本。在科研教育中，元宇宙技术可以模拟出昂贵的教学设备，还原机械设备的同时，还能够辅助教师进行教学。元宇宙技术可以应用到人体解剖、手术模拟、化工实验等领域，极大程度上降低实验损耗，在高危险系数的实验中更能起到保护师生生命安全的作用。此外，元宇宙中的"理想课堂"还会提升课堂效率和学生学习兴趣。教师可以根据自己的喜好，设定自己喜欢的任何形象，授课教师也可能是司马迁或者爱因斯坦。王帅国描述出元宇宙下有趣的课堂场景：每个反应可以变成一个具象化的符号，比如某个学生对教师的讲解表示疑惑，头上就会蹦出一个问号，方便教师及时捕捉反馈。[③]

① ［韩］韩松一，卢良辰．大学教学者对元宇宙教学应用的认知研究 [J]．韩国数字产品学会论文集，2021（11）：1796．
② 晓瑷．韩国首尔：打造元宇宙之城 [EB/OL]．人民邮电，2022-02-08．
③ 中国教育报．"元宇宙"将对教育产生什么影响 [EB/OL].https://edu.cctv.com/2022/01/05/ARTIMrjjeLuNtvFhpdaYRjiZ220105.shtml，2022-01-05．

　　教育工作者要与时俱进，主动关注元宇宙给教育带来的积极变化，了解元宇宙新技术及其应用。另外，也要加强对元宇宙的学术性研究。事物都有两面性，在元宇宙的应用和发展中，也会出现一些负面影响，如用户过度沉迷、变相的金融骗局等，我们要努力为技术创新创造一个健康的发展环境。而且，我们在运用新技术的时候也要遵守伦理道德，保障网络空间安全和健康，防止技术被滥用。

结　语

一、智慧学习未来发展趋势分析

（一）深化理论的同时发展实践研究

智慧时代的教育应该充分体现出智慧的特点，培养出"智能型"的人才。这种"智能"不应仅仅立足于机械智能，毕竟机械智能的本质来源还是人。当前，大部分国家的智慧教育理论研究都是构建在 IBM 集团所构建的"智慧教育"行动架构之上的。有学者认为，由此探究的我国智慧教育偏重于技术和工具的层次，却忽视了从其本质上去理解智慧教育的实质。真正的智慧教育是和人类进入智能时代相配套的基础教育，但是我国目前还缺乏国家在智能时代的高度设计教学经验。尽管当前国内外有关智慧教育的基础理论研究已小有成效，但智慧教育作为一项与时代前进和科技发展联系密切的新型教学研究范畴，其基础理论的研究也将紧随时代脚步并不断进行革新。当然，理论的研究还需要和实际情况充分融合。当前，国内外关于智能文化教育的理论研究成果仍远超出了实际运用，虽然有不少高校在进行智能教育课程试验，但都还停滞在表层上，甚至于有的高校由于科技条件限制未能体现出智能特色。未来智能文化教育的研究应该立足于实际或是具体的教学案例上来，厘清科技和人相互之间的关联，科学合理运用科技推动智能文化教育的蓬勃发展，培育出"智能"型人才。

（二）全面构建智慧学习环境

智慧教育的发展离不开智慧教育环境的构建。纵观我国国内智慧教育研究过程，在前期，人们无一例外地都把工作重心放到了智慧教育环境的构建上，更注重于将信息技术渗透到城市、学校、课堂、家中等真实的教学环境，包括了在线教育、远程教育等虚拟化的教学环境，线上与线下教学整合，无缝衔接，让学习者的学习活动能够冲破时间与空间上的局限。但未来，智慧教育环境的构建仍然依赖着人工智能、物联网、虚拟现实、大数据分析、泛在互联网等重要信息技术的支持。如何运用云计算技术对云端的教学资源实施全面的集成，以达到最高程度的共享；怎样利用数据挖掘海量教学信息以及学习者的学习数据为其提供智能推荐，以满足不同学习者群体个性化和差异化的学习要求；以及怎样运用新一代人工智能、物联网技术以及泛在互联网，打通学习者群体线上与线下的教育联系，让其教学活动能够随时开展等问题都是未来城市智慧教育环境构建的关键。

（三）继续贯彻"以学习者为中心"的策略

拥有了智慧教育环境，接下来要面对的便是怎样打造智能时代的教与学。国外学术界关于智慧教育的研讨，大都以"Smart Learning（智慧学习）"展开，我国近年来也开始致力于改革传统的教学模式，从"教师教"迁移到"学生学"，由此可见，未来智慧教育的发展一定要以学习者为中心。当代的学生都生活在数字时代，因为他们从小接触科技发达所带来的便捷生活，所以信息化能力和素质都很高，对全新教学模式的要求也很高。持续探讨和研究以学习者为中心的全新智慧教育方法，并设计线上与线下相结合的新智慧教育，是我国未来新智慧教育发展的重要突破口。当前，我国也在部分一、二类省市进行了试验，未来，由于智能课堂与智慧教育在内容设计上的创新，以及活动开展区域上的扩大，教师与学习者之间的角色也一定会出现实质性变化。然而，国内外关于学习方法的研究仍大多停留在纸面上的理论研究，并没有模式的建立与实际的推广。未来，智慧学习的研发还需要结合时代背景，并融入当前科技发展趋势，在社会信息化条件较好的地方率先试验，为智慧学习方法的全面推广提供基础。

（四）主动推动信息技术与教育行业的深度融合

把科技带入教学，在提供方便的同时也引起了专家学者们的思考。信息技术支持下的智慧教育，往往很容易忽略学习者群体的情感需求和个性化学习要求。所以，面向个体差异的个性化教学研发与使用，将成为我国未来智能教育发展的主导趋向，这在我国国内当前的研发前沿分析中，也得到了印证。个体化教学是将科技和教育深入糅合在更高层次发展阶段的表现，以机器学习和深度学习为重要基础的新一代人工智能信息技术的回归，对个体化教学系统实现了重建与再造。当前，我国国内相关公司由于还处在萌发状态，没有比较成熟的应用案例，所以在普及的过程中还面临着一些阻碍。另外，个性化学习的普及还离不开智慧学习系统和移动学习终端的发展，我国国内当前已经有很多公司开始试水，但可惜的是都在落地实施时屡次碰壁，且应用效果并不好。以电子书包代替传统教科书利弊共存，屡受争议，但这都是由于科技条件还没有完善导致的。随着时间的不断推移和教学科技的不断升级，未来新兴技术也将渗入教学体系的各个环节。若想有效推动科技和教学之间的深入融合，还必须厘清科技发展与教学之间的相互关联。科技的发展是为教育服务的，因此教学就不应该徘徊在被倒逼转型的风口浪尖上，而必须抓住机遇迎难而上，积极主动地应对科技发展造成的巨大变革，并努力地去提升教学科技。对政府部门来说，需要增加以新型信息技术推动高等教育产业升级方面的投资，从点到面，尽快普及新型信息技术在教学中的运用；对于高等教育来说，需要做好人工智能与高等教育之间跨学科人才的培育，密切与有关公司进行交流协作，早日完成高等教育的产业更新；对于教师、学习者以及管理人员等一切科技受益者来说，在享受科技创造便利的同时，也需要适时反馈新兴科技出现的不足，支持科技不断提升。

二、智慧学习未来研究趋势分析

（一）智慧学习的理论和实践研究将不断进行创新

智慧学习作为一种新型教育科研领域，与时代前进和科技发展之间的联系非常密切。随着智能教育时代的来临，科技发展日新月异，智慧学习的基础理论与实验研究也就必须紧随社会发展脚步，不断进行技术创新。这向学者提出了更高的挑战，要求他们能从更为广阔的范围内进行深入研究，进一步发掘智慧学习的丰富内容与特征，创新智慧学习设计与研究方法，如把 SPOC、MOOC、虚拟现实等学科资源运用到智慧学习模式改革中。同时，进一步深入开展智慧学习实验研究，通过合理运用信息技术推动智慧学习的具体实施与应用评价，为学习者改变学习方法，实施智慧学习提供更多有利条件。

（二）与新技术的融合会更加深入

"人工智能＋教育"新时代的来临，为人类智慧学习的发展提供了全新的机会。借助人工智能技术，可以更加深刻、详细地记录并了解智慧学习过程是怎样进行的，怎样受到影响的，从而为学习者有效学习创造条件。这也要求高等教育行政主管部门统筹规划，采用积极有效的举措，大力推进人工智能信息技术在智力学习资源与学习流程中的设计、研发、使用、管理与评估等环节的基础理论与实践研究，并鼓励高等院校与行业公司展开协作，共同探讨智力学习环境构建和实施，以推动培养管理模式、教学方法的改革。

（三）更加关注学习者本身

智慧学习是"互联网+"信息时代学习模式快速发展的重要方面，是新一代信息技术驱动下学生能力观、认知观和学业观转换的主要方向。在智慧学习研究实践过程中，必须更加重视学生的学习需要，并做好智慧学习活动开展对学习者群体未来健康发展的主要影响因素调查工作，如在学习者创造力、意志、思想、情感等方面的影响。并在智慧学习实践活动展开步骤中，注意培育学习者群体的智力教学才能，以促使学习者群体从单纯被动接收知识的传统学习模式，向以独立、探索、协作为主要特点的新智慧学习模式过渡。

参考文献

[1] 王运武. 智慧校园——实现智慧教育的必由之路 [M]. 北京：电子工业出版社，2016.

[2] 杨俊峰. 面向数字一代学习者的智慧教室设计与评价 [M]. 北京：中国社会科学出版社，2017.

[3] 杨现民，田雪松. 我国基础教育大数据（2016-2017）走向数据驱动的精准教学 [M]. 北京：科学出版社，2018.

[4] 唐孝威，杜继曾，陈学群，等. 脑科学导论 [M]. 杭州：浙江大学出版社，2006.

[5] 高志敏. 终身教育、终身学习与学习化社会 [M]. 上海：华东师范大学出版社，2005.

[6] 唐斯斯，杨现民，单志广，等. 智慧教育与大数据 [M]. 北京：科学出版社，2015.

[7] 杨现民，陈耀华. 信息时代的智慧教育研究 [M]. 上海：上海交通大学出版社，2013.

[8] 桑新民. 学习科学与技术：信息时代大学习者学习能力培养 [M]. 北京：高等教育出版社，2004.

[9] 哈斯高娃，张菊芳，凌佩. 智慧教育 2 版 [M]. 北京：清华大学出版社，2017.

[10] 胡英君，滕悦然. 智慧教育实践 [M]. 北京：人民邮电出版社，2019.

[11] 刘邦奇. "互联网 +" 时代智慧课堂教学设计与实施策略研究 [J]. 中国电化教育，2016（10）.

[12] 陈琳，王蔚，李冰冰，等. 智慧学习内涵及其智慧学习方式 [J]. 中国电化教育，2016.

[13] 赵建华，李克东. 协作学习及其协作学习模式 [J]. 中国电化教育，2000（10）.

[14] 祝智庭. 智慧教育新发展：从翻转课堂到智慧课堂及智慧学习空间 [J]. 开放

教育研究，2016，22（1）.

[15] 陈卫东，叶新东，许亚锋. 未来课堂：智慧学习环境 [J]. 远程教育杂志，2012，30（5）.

[16] 祝智庭，彭红超. 智慧学习生态：培育智慧人才的系统方法论 [J]. 电化教育研究，2017，38（4）.

[17] 王冬青，韩后，邱美玲，等. 基于情境感知的智慧课堂动态生成性数据采集方法与模型 [J]. 电化教育研究，2018，39（5）.

[18] 吴怀，顾小清. 教育大数据的深度认知、实践案例与趋势展望——2017 年"教育大数据应用技术"国际学术研讨会评述 [J]. 现代远程教育研究，2017（3）.

[19] 杨现民，张昊，郭利明，等. 教育人工智能的发展难题与突破路径 [J]. 现代远程教育研究，2018，（3）.

[20] 梁迎丽，梁英豪. 人工智能时代的智慧学习：原理、进展与趋势 [J]. 中国电化教育，2019（2）.

[21] 周加仙. 教育神经科学：创建心智、脑与教育的联结 [J]. 华东师范大学学报（教育科学版），2013，31（1）.

[22] 陈耀华，杨现民. 国际智慧教育发展战略及其对我国的启示 [J]. 现代教育技术，2014，24（10）.

[23] 王济军. 智慧教育引领教育的创新与变革——技术与教育深度融合的视角 [J]. 现代教育技术，2015，25（5）.

[24] 杨现民，刘雍潜，钟晓流，等. 我国智慧教育发展战略与路径选择 [J]. 现代教育技术，2014，24（1）.

[25] 黄荣怀，张进宝，胡永斌，等. 智慧校园：数字校园发展的必然趋势 [J]. 开放教育研究 .2012（14）.

[26] 祝智庭，贺斌. 智慧教育：教育信息化的新境界 [J]. 电化教育研究，2012，33（12）.

[27] 刘丽芝，徐平. 高职院校教师信息化技术应用能力现状与提升策略分析 [J]. 中国多媒体与网络教学学报，2019（05）.

[28] 汪然. 浅议职业院校智慧校园移动应用的研究 [J]. 中国培训，2018（06）.

[29] 陈瞳. 大数据技术在构建智慧校园中的应用 [J]. 电子技术与软件工程，2019（07）.

[30] 罗敏杰. 中职汽修虚拟仿真实训教学研究 [D]. 杭州：浙江工业大学，2011.